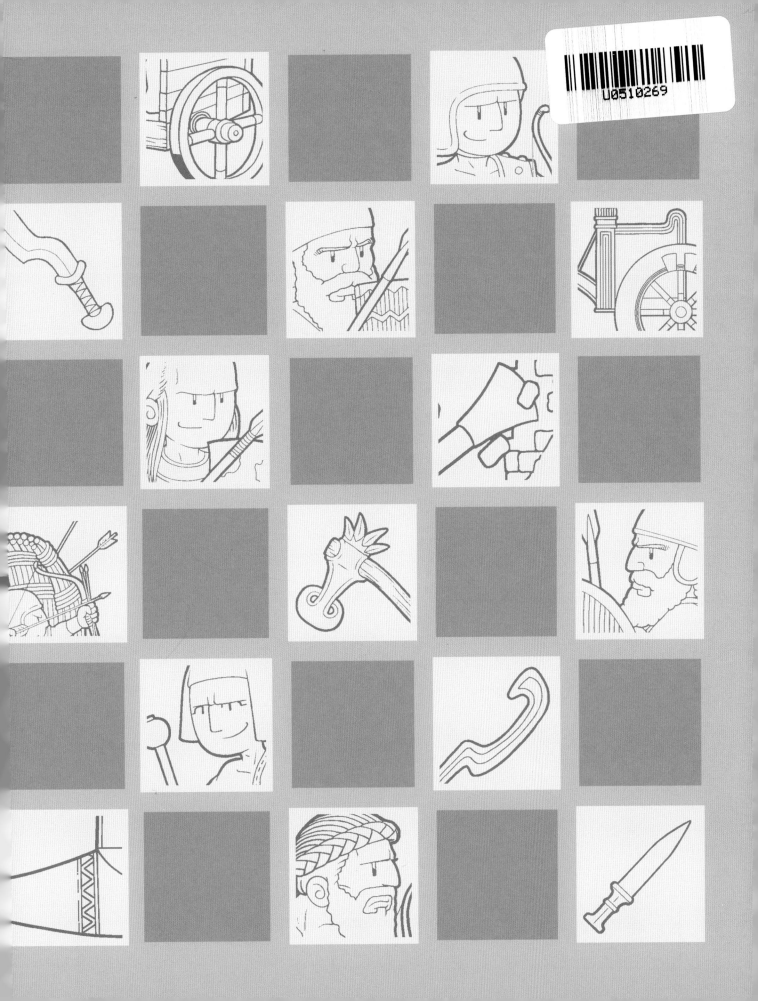

文景

———

Horizon

古文明军事图鉴

原来古代人是这样打仗的

古埃及与美索不达米亚

艾 洋 ——— 编绘

上海人民出版社

从军事文明看人类文明的变迁

王志庚（原国家图书馆少年儿童馆馆长）

历史是昨天的人类生产和生活记录，它是鲜活而生动的。对于今天的我们来说，历史是一部丰富的教科书，它记录着整个人类，包括每一个国家、地区、民族、行业走过的成长足迹和发展脉络；历史是一面镜子，从历史中，我们能够更好地看清世界、参透生活、认识自己。

欲知大道，必先为史。读史使人明智，可以鉴往知来。读史要趁早，读史能让孩子从懵懂和无知逐渐走向理性和智慧，并赋予他们成就未来的素质与学养。关于儿童读史，我想强调两点。

要读通史。历史按时间可分为通史和断代史，按空间可分为世界史和国别史，我推荐从世界通史入手。世界是一个整体，世界通史是对整个人类社会发展进程的记述。青少年应该从万物起源和人类的进化开始了解世界发展的历史框架，这有助于培养儿童的世界观，开阔思维格局，从而打开孩子们历史阅读的逻辑视野，建构人文阅读的系统性思维和审辨性思维。当孩子对世界通史有了一个宏观把握后，就可以进入到国别史和断代史的阅读了。

要读专门史。专门史记述的是某一个学科、行业、事物在历史上的发展状况，着重讲解人类社会在各个领域的具体发展状况和规律，比如军事史、玩具史、服装史、建筑史、钱币史等等。儿童读专门史有助于在童年期培养学科兴趣和探究精神，建构历史的思维、观念和方法。

军事史是一个重要的专门史，还可以细分为战争史、军队史、军械史、军事技术史、军事思想史等。这本图鉴就是一部特色鲜明的古代军事史书。

人类历史上发生过无数次战争，兵器与战争相随相生、相促相长，成为决定战争胜负的重要因素之一。古埃及和美索不达米亚地区爆发过多次战争，各种冷兵器发明和创造层出不穷，无论是陆上还是水上，当时的武器装备都取得了很大的成就，各文明之间不同的武器装备也深刻影响到当时的疆域版图与战争形势。如何向孩子们讲解这些古代的军事知识？近年来我国引进了很多军事科普书，但市场上十分缺少本土原创的古代军事普及读物。

《原来古代人是这样打仗的》这套古文明军事图鉴基于科学考证和历史资料研究，采用贴近儿童的视角和生动简洁的语言，介绍了各个古文明的兵种配置、兵器结构、使用原理、作战方式等知识，通过图文结合的方式，复原各种军事作战场景，带给孩子身临其境的阅读体验，有利于历史迷、军事迷们将古代军事装备、军事科技和军事策略等历史有机结合起来，从而建立对人类军事文明演变的立体认知，并由此外延开拓对人类文明变迁的视野。

古代军事是探究世界文明的一个起点

欧阳晓莉（复旦大学历史学系教授）

　　古代西亚孕育了人类最古老的文明，素有"文明摇篮"之称的新月沃地就包括了今天土耳其、叙利亚、黎巴嫩、约旦、以色列、伊拉克和伊朗等国家的部分地区。在西亚诸多古文明中，两河流域在公元前3200年左右发明了最早的文字——楔形文字，从而率先进入历史时代。两河流域这一术语顾名思义，就是指东面的底格里斯河与西面的幼发拉底河所围绕的中间区域，大部分位于现代伊拉克境内。本书涉及的苏美尔、阿卡德、古巴比伦和亚述对应了两河流域文明不同的历史阶段。

　　苏美尔文明代表了两河流域历史发展的早期（约公元前2900—前2350年）。此时在两河流域南部陆续出现了数十个城邦，它们或争霸或结盟，互相争夺人口、土地和灌溉设施等资源。书中谈及的乌尔、启什、拉格什和乌玛都是当时一度强大的城邦，而拉格什与乌玛之间爆发的边界冲突，因为恩纳图姆鹫碑上图文并茂的记载而名垂史册。

　　苏美尔城邦争霸的局势结束于首次统一两河流域的阿卡德王朝（约公元前2334—前2192年）。阿卡德王朝因其首都阿卡德城而得名，通常被誉为历史上第一个帝国：它不仅统一了两河流域南北两部，而且势力范围一度扩张到幼发拉底河上游以及伊朗西南部的埃兰地区。两河流域语言文化的多样性也在该王朝初见端倪：在沿用楔形文字苏美尔语（孤立语，无明确语系归属）的同时，阿卡德人还借用了苏美尔人发明的楔形文字来记录本族群的阿卡德语（最古老的闪米特语）。这一时期的图像材料（如书中提到的纳拉姆·辛记功碑）更为强调身体美和人物的个性化刻画，这与苏美尔艺术传统大相径庭。

阿卡德王朝的统治最终被乌尔第三王朝（约公元前2112—前2004年）取而代之，后者的控制范围回缩到两河流域南部及其周边。进入公元前2千纪后，两河流域再度陷入分裂，多个地方性小王国共存，直到国王汉谟拉比（约公元前1792—前1760年在位）再度建立统一政权，史称古巴比伦王朝。该王朝最著名的文献就是《汉谟拉比法典》。需注意的是，这部法典不是两河流域最早的法典（此殊荣归于乌尔第三王朝的《乌尔纳木法典》），却是保存最完整、篇幅最长的一部，总计有282则条款，4100余行楔形文字。

公元前1595年前后，来自小亚细亚（今土耳其）赫梯王国的军队终结了古巴比伦王朝的统治。赫梯人是从南俄大草原（位于黑海和里海之间的草原地区）迁徙到小亚细亚的一支印欧民族，使用的赫梯语是已知最古老的印欧语，但借用了两河流域的楔形文字进行记录。在公元前14—前13世纪，赫梯国力强盛，与古埃及、亚述（两河流域北部王国）、加喜特（两河流域南部王国）、米坦尼等同为西亚北非大国俱乐部的成员，它们的国王之间互相称兄道弟。赫梯人的冶铁技术和轻型战车是其军事实力的重要支撑。此时的古埃及正是国力如日中天的新王国时期，由于地理环境的制约，向外扩张的第一站就是地中海东部沿海。这同时也是赫梯王国扩张的方向，两国不可避免地爆发了军事冲突，经典战役就是本书着力刻画的卡迭石之战。

赫梯军队入侵两河流域后，并未在当地建立政权而是返回了小亚细亚。此时，源自东部札格罗斯山区的加喜特人乘虚而入，在两河流域南部建立了加喜特王国。他们把马匹引进到两河流域，相关的驯马技术和骑兵训练也随之发展，为公元前1千纪新亚述帝国的崛起奠定了基础。

约公元前1200一前1000年被称为古代西亚北非历史上的"黑暗时代"，其始作俑者是源自东南欧的"海上民族"。他们擅长海路进攻，摧毁了地中海东岸的诸多小国，地中海以北的赫梯也未能幸存。古埃及虽然设法击退了"海上民族"，但未能保住在叙利亚地区的势力范围，回缩到尼罗河流域本土。

当历史脉络再度清晰时，两河流域已进入新亚述帝国时期（之前北部更早的时期相继称为古亚述和中亚述）。在公元前7世纪的鼎盛阶段，它不仅控制了两河流域全境，而且往东扩张占领了伊朗西南部，向西扩张控制了整个地中海东岸甚至一度占领了古埃及，成为一个地域空前辽阔的大帝国。古代帝国无一不是通过铁腕的军事手段而建立，包括新亚述帝国均概莫能外。此前，上述地区从未经历过规模如此庞大、持续时间如此漫长、军事技术如此先进的征服战争，这一客观因素也反映在文献和图像材料对残酷的战斗场面和民众恐怖心理的记录以及对亚述军队极其负面的评价中。

但是，新亚述帝国也着眼于文化的保存与传承。国王亚述巴尼拔（公元前668一前627年在位）在其王宫的图书馆就收藏了1000一1200篇文学和其他学术类作品，包括著名的《吉尔伽美什史诗》。这个版本为现代读者提供了该作品最完整的面貌，它记录在12块泥板上，总计3000多行。

本书作者艾洋参考了大量关于古代西亚、北非军事技术的研究成果和一手的图像材料：行文通俗易懂、诙谐幽默，又兼具一定的专业性和学术性；各类形象的设计既生动活泼又体现了不同文明的特色。尤为难得的是，书中插入了多幅地图，帮助小朋友们建立多个古代文明的空间地理概念；结尾处还附有中英文对照的专有名词索引，为查阅相关资料提供了线索。

　　本书不仅可供青少年读者了解古代埃及和两河流域的军事技术，而且能作为他们探究世界古代文明的入门读物，引领他们从这里开启探索更广阔世界的脚步。

古埃及

Ancient Egypt

古埃及
Ancient Egypt

　　古埃及，人类文明的曙光，古代世界的建筑狂魔，在相对封闭的地理环境下，它发展出了独特的文明形态。由于古埃及气候干燥，众多文物得以保存下来，详尽地反映了当时的情景。我们今天能看到这些丰富、生动的古代资料，得益于数百年考古的积累。

　　古埃及的军队与古埃及一样古老，其渊源由于年代太过久远已经无法得到太确切的考证，我们能知道的形象都是从古代的各种壁画、雕塑、模型、文字描述中得来的。查找资料，无尽地查找资料，就像寻找一块又一块拼图，古埃及军队的图景逐渐地清晰起来。

在古王国和中王国时期（也是我们熟悉的金字塔时代）的漫长岁月中，步兵一直是古埃及军队的主体，他们几乎没有任何护甲，身上只穿一条亚麻布短裙，头部只有假发或者头巾遮阳。唯一的防护就是一面盾牌。那么，他们会使用什么武器？又是如何作战的呢？

长矛

最基本的近战武器是长矛，手持长矛和盾牌的士兵形象在文物中最常见。这一时期的长矛，其矛头已经从骨质、石质发展到铜制。矛柄由芦苇或木头制成，长度通常有一人高，可以戳刺，也可以投掷。长矛是无需太多力量就可以发挥威力的武器，操作简单，使用时也无需太大的活动空间，就可以让士兵结成紧密的阵形。

通常还会携带一把斧头作为备用武器。

古埃及早期还没有发展出套管安装矛头的方式，都是以捆绑方式安装的。

士兵的发型

每个应征入伍的古埃及人在报到之后都会马上被强制理发，据说是为了消除个性，达到整齐划一的效果。

盾牌一般有1—1.5米高，用坚韧的牛皮制成，缝合在木头框架或整块木板上，相当坚固，足以抵挡各种武器的攻击，但也很重。举着这么大一面盾牌走上一天可不是什么轻松的事。

战斧

古埃及的战斧都是将铜制的刀片嵌在木柄上，然后再捆绑固定制成。他们好像非常钟情于这种安装方式，以至于即使到了新王国时期也没有采用插套木柄的方式固定斧头。因为使用战斧需要较大的空间，士兵们没法紧密地排列在一起，所以它是近身肉搏时使用的武器。不过小型战斧可以插在腰间，所以弓箭手通常喜欢带一把防身。当敌人逼近时：投掷长矛！举起战斧！冲啊！！

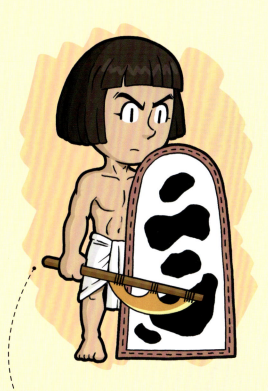

这种半圆形战斧对于没有多少护甲保护的目标非常有效，它可以轻易切开皮肉造成可怕的伤口，其宽大的刃部和夸张的造型极具威慑力。

匕首

匕首也是近身肉搏的武器，很短，双面开刃，长度只有20—40厘米，可以在更近的距离或者更狭小的空间中使用，能给敌人造成很深的伤口。最初，匕首都比较短小，可以塞在短裙的腰带中。

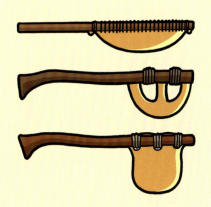

有些战斧有弯曲的柄，防止挥舞时脱手。

这种携带方式很有特色，将匕首用皮绳和皮鞘固定在手臂内侧，紧急情况下可以快速拔出。

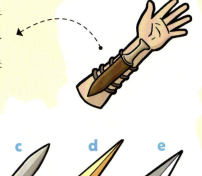

a b 骨质匕首　c 石质匕首　d 铜质匕首
e 柄部用银、象牙或者黄金制作的精美匕首

锤与权杖

棍棒和石头应该是人类最早拿起的武器，如果将棍子上面装块石头……会不会更厉害？于是，"锤"——诞生了！或许是因为这种武器的震慑力，锤逐渐成了权力的象征，演变成权杖。

在公元前3000年的那尔迈（Narmer）调色板浮雕上，就有那尔迈王手持圆头锤痛击敌人的形象。古埃及军官通常装备这种武器，用来显示权威和驱策士兵。锤是一种最简单直接的武器，不需要什么技巧，用力挥舞就可以啦！

锤头有各种款式。

投掷棒

投掷棒是古埃及的一种狩猎工具，主要用来打鸟和小型动物。作为武器，它在战斗中的杀伤力非常有限，更多的作用是干扰敌人。一般在侦察、伏击之类的小型战斗中使用。

投掷棒基本上就是一把弯曲的木刀，把手处缠有皮革或亚麻布，起到防滑作用。一些民族把类似的工具做成回旋镖，能飞回来。但是古埃及版的投掷棒显然不是这么用的。

投掷棒的用法猜测

在肉搏之前干扰敌人，
创造进攻时机。

在敌人逃跑时，绊倒敌人。

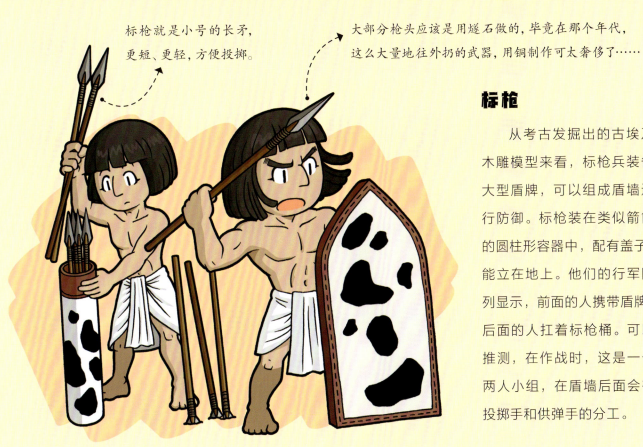

标枪就是小号的长矛，更短、更轻，方便投掷。

大部分枪头应该是用燧石做的，毕竟在那个年代，这么大量地往外扔的武器，用铜制作可太奢侈了……

标枪

从考古发掘出的古埃及木雕模型来看，标枪兵装备大型盾牌，可以组成盾墙进行防御。标枪装在类似箭筒的圆柱形容器中，配有盖子，能立在地上。他们的行军队列显示，前面的人携带盾牌，后面的人扛着标枪桶。可以推测，在作战时，这是一个两人小组，在盾墙后面会有投掷手和供弹手的分工。

标枪的有效射程只有一二十米，远不如弓箭，但威力比弓箭大。当敌人逼近时，投出几轮标枪，可以有效地打乱敌人的阵型，为接下来的肉搏战创造有利先机。

成为优秀的标枪供弹手只需五步

弓箭

弓箭是古埃及军队的传统作战工具，也是主要的杀伤武器。采用这种武器或许是因为古埃及军队的护甲比较单薄，士兵除去盾牌后，近乎裸体，所以，能远程解决的问题，尽量别靠近……不过，古埃及这一时期的主要对手——努比亚人、利比亚人，基本上也在"裸奔"。

弓箭手会在头上戴两根备用弓弦。

箭插在地上也有利于快速射出，而且粘上泥土的箭头也容易使伤口因为细菌感染而恶化。

弓箭手手中握几支箭，可以快速射击。

弓弦用羊的肠衣或亚麻纤维制作。

根据一幅第二王朝时期的壁画描述，弓箭手带有可以立在地上的箭筒。

弓体多用古埃及本土的金合欢树制作。

弓

这个时期的弓都是单体木弓（单用一种木材制作）。为了增加威力，古埃及人把这种弓都做得比较长，通常在1.6米左右，几乎与射手的身高相当。这种弓的有效射程大约在50—60米之间。

箭

古埃及的箭长约75厘米，大多使用芦苇制作箭杆，箭头的材质五花八门，有燧石、骨头、硬木、铜，甚至象牙！箭杆尾部装有三片羽毛，被胶水和亚麻线对称地固定在箭杆上，以使箭保持稳定的飞行方向。没有箭羽，箭就会在空中摆动，甚至翻滚！

芦苇制成的箭杆有很多优势，因为中空，所以很轻，也很容易把箭头插进去固定住。另外，芦苇的茎很坚硬，外观与竹子类似，表面很光滑，而且自然生长得就很直，最关键的是非常容易获取，这点极为重要，一支以射箭为主要打击方式的军队，一次战役所需要的弓箭量至少要100万支！芦苇价廉物美自然直，怎么能不爱？

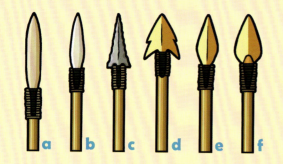

a 骨箭头　b 象牙箭头　c 燧石箭头　def 铜箭头

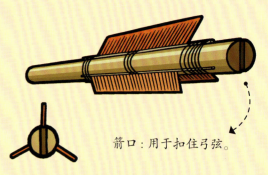

箭口：用于扣住弓弦。

箭羽的位置、黏接与捆绑固定方式。

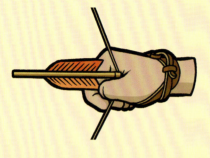

射箭

古埃及的弓箭手用的是"拇指勾弦式"射法，顾名思义就是用大拇指钩住弓弦，拉弓射箭。这种拉弓方式与中国传统的拉弓方式是一样的，也称"蒙古式"射法。

"拇指套"是古埃及弓箭手的一种护具，由皮革制成，作用是在拉弓时保护拇指。这件文物发现于底比斯一座葬有 59 名士兵的集体墓穴中，跨越 4000 年的时间，它依然系在一名弓箭手的手腕上。

步兵战术

近战步兵

由于需要使用战斧，没法排列紧密，以松散的纵深线列部署在弓箭手阵列的前面。随时准备与敌人交战，取得决定性胜利。

弓箭手

为了加强火力密度会组成紧密的阵列，向敌人猛烈发射密集且持续的"箭雨"，这会对冲锋前和冲锋中的敌人造成严重伤亡，使其阵型出现缺口，大大削弱对方的士气。

辅助部队

一般由外籍佣兵组成，任务是侦察和袭扰，战斗时负责保护己方侧翼，或者迂回到敌军的侧翼和后方。

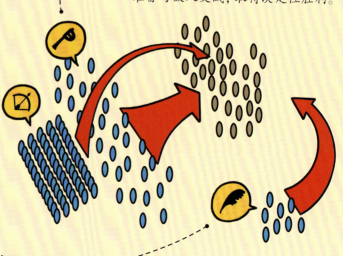

警戒塔

古埃及的士兵也会执行一些驻守商路、护送运输队的任务。这种由泥砖砌成的警戒塔，早在公元前3000年就开始出现了。幸运的是，通过考古出土的模型和壁画，我们不仅知道了它的外形，还了解到其内部构造。

埭堞即这样由实体和缺口交替形成凹凸状的矮墙。

这是一座三层的锥形泥砖建筑，下层是储物间，中层是起居室，上层是武器库，顶部是一个设有埭堞（duǒ dié）的作战平台，为了安全，入口被挪到上层，只能通过绳梯出入。看上去采光是个问题，特别是下面两层，估计全天都需要油灯照明。嗯……通风一定也不会好。据推测，这种警戒塔会有八个人驻守。在埃及这么热的地方，八个大汉挤在一个不通风的炮楼里……也是遭罪了……

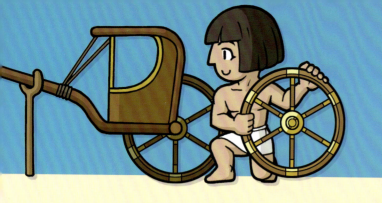

第二中间期

公元前 1786—前 1567 年

公元前1786年左右（第十三王朝），古埃及已经向南扩张到了努比亚（Nubia）和下苏丹，向东北接近亚洲，结果，从亚洲来了一群移民，在尼罗河三角洲住了下来。没多久，这些移民发现埃及人不是自己的对手……

喜克索斯人的入侵

喜克索斯人是西亚的一个多起源民族，相比古埃及人，他们在文化上比较落后，但战争技术更先进。在古埃及虚弱的第十三王朝时期，喜克索斯人进入了古埃及的北部地区，两个文明不可避免地爆发了冲突。喜克索斯人全新的武器和战术，令古埃及人落后的军队难以抵挡。

双轮战车

由两匹马拉动的双轮战车有一个矩形的木质车厢，乘员两到三人，使用长矛、标枪或弓箭进行攻击，马匹与战车组合在一起所产生的强大冲击力能够轻易冲破步兵阵列。这种武器给古埃及士兵带来的震撼不亚于"一战"时德国士兵第一次见到坦克。古埃及人被打蒙了……

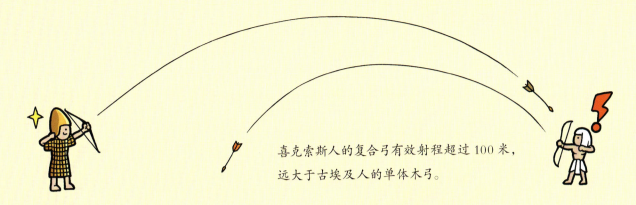

喜克索斯人的复合弓有效射程超过 100 米，远大于古埃及人的单体木弓。

复合弓

　　复合弓由木材、动物筋和角片制作而成，用鱼胶黏合，为了防潮会用树皮之类的材料包缠住整个弓身，并用油脂与树胶的混合物密封。

　　多种材料的加入使复合弓的弹性更好，射程更远，初速更高，尺寸却可以做得更小，但也因此在制作上费工费时，并且需要细心保养，受潮或温度的极端变化都可能导致弓体变形，或性能降低。所以，复合弓在当时是一种技术含量很高的精密武器。

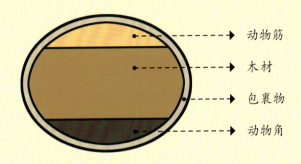

- → 动物筋
- → 木材
- → 包裹物
- → 动物角

更先进的青铜武器装备

　　喜克索斯人的青铜冶炼技术更为先进，这使得他们在武器方面占有很大优势。而古埃及士兵近乎裸体的无护甲防护状态，使得这种优势被进一步放大了。

镰刀剑

　　镰刀剑是青铜时代近东（地中海东部沿岸地区）军队广泛装备的一种近战武器。这种武器的造型显然与早期人类农耕的历史大有渊源，长度一般有 70—80 厘米，弯曲的刃部表明这是一种适合挥砍的武器，剑尖也可以刺击，还可以钩掉敌人的盾牌。

弯曲的剑身使剑的重心更靠前，可以增加挥砍力度，另一个优势在于弯曲的刃部在击中骨骼时会迅速划过，而不会像直刃剑一样容易卡在骨骼里。

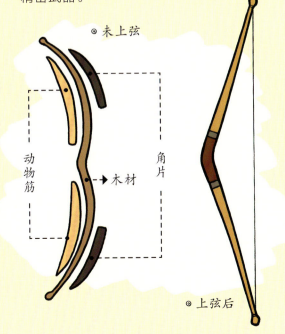

◎ 未上弦

动物筋　　→ 木材　　角片

◎ 上弦后

战斧

喜克索斯人的插孔式战斧更先进，比古埃及人的刀片式强力得多，斧刃更窄，因此穿透力更强。

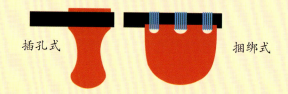

插孔式　捆绑式

喜克索斯人的战斧采用更先进的插孔式斧柄安装方法，这种方法一直沿用至今，比古埃及战斧的捆绑式更坚固耐用。相比之下，曾经凶猛的古埃及战斧弱爆了。

青铜鳞甲

一种将青铜甲片交叠缝在一起制成的护甲，对弓箭或战斧有很好的防御效果。

当然，这种精良的护甲必定制作费时，价格昂贵，不可能普及到每一名普通士兵，通常只配备给军官。面对穿着青铜鳞甲的喜克索斯军官，古埃及人手中的半圆形战斧和单体木弓都失去了威力。

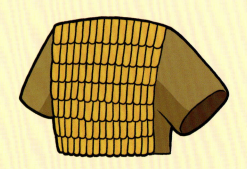

青铜甲片缝在织物或者皮革上，穿戴更为舒适。

甲片的排列方式。

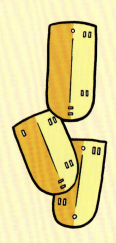

青铜鳞甲的甲片上面留有穿绳子的小孔，甲片中间有凸起的中脊，用以加强防御力。

古埃及本土镰刀剑

其实古埃及人也有自己的镰刀剑，造型奇特，但是都比较短，一般只有40—60厘米长。古埃及人称镰刀剑为"khopesh"（意思是"动物的腿"），因其造型与动物前腿相似。

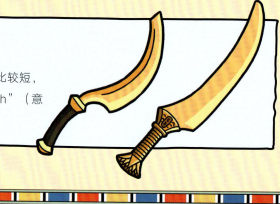

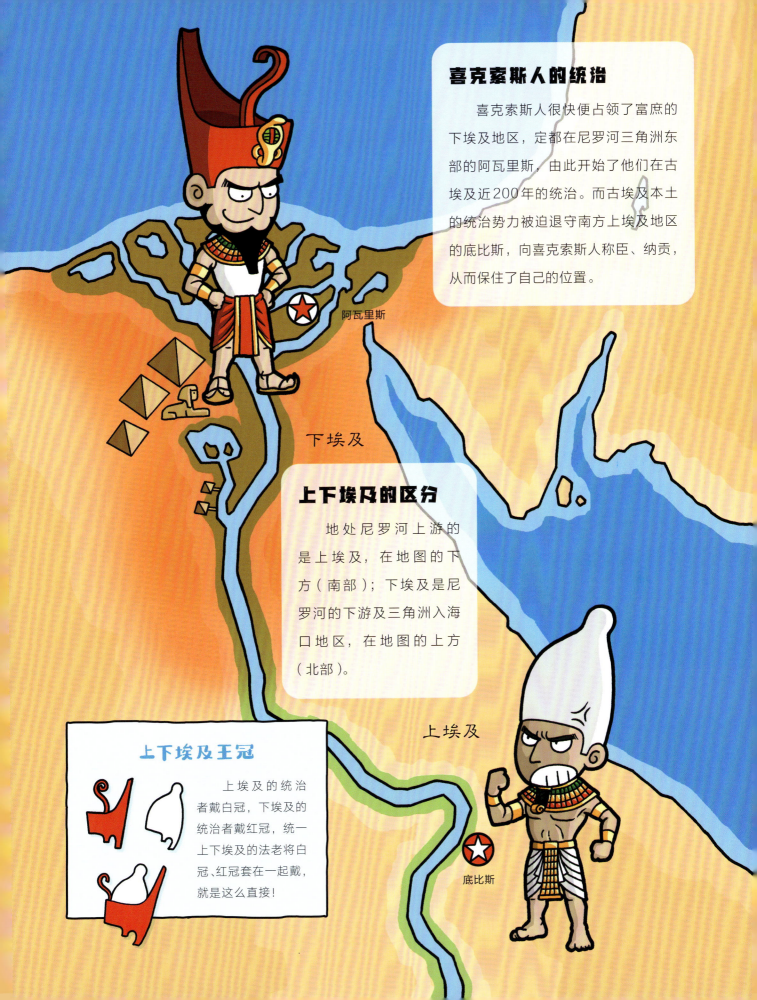

喜克索斯人的统治

喜克索斯人很快便占领了富庶的下埃及地区，定都在尼罗河三角洲东部的阿瓦里斯，由此开始了他们在古埃及近200年的统治。而古埃及本土的统治势力被迫退守南方上埃及地区的底比斯，向喜克索斯人称臣、纳贡，从而保住了自己的位置。

阿瓦里斯

下埃及

上下埃及的区分

地处尼罗河上游的是上埃及，在地图的下方（南部）；下埃及是尼罗河的下游及三角洲入海口地区，在地图的上方（北部）。

上埃及

底比斯

上下埃及王冠

上埃及的统治者戴白冠，下埃及的统治者戴红冠，统一上下埃及的法老将白冠、红冠套在一起戴，就是这么直接！

古埃及版"魔改"战车——快！

古埃及人并不甘心自己的失败，一直试图重现昔日荣光。他们学习并改进了喜克索斯人带来的新技术、新武器。其中最重要的就是双轮战车。可以说，这是古埃及人后来成功击败喜克索斯人的重要原因之一。

¤ 轻量化

相比喜克索斯人用厚木板制作的沉重车体，古埃及战车是开放式车体，用被蒸汽热弯的木框架和皮革制作，车底踏板用皮条穿过框架编成，有良好的减震和减重效果。这些方法让车体重量大大减轻，整车重量最低不到30公斤，两个人就能抬起来，有必要的话一个人也可以。同时，这种战车的驾驶速度接近每小时40公里。

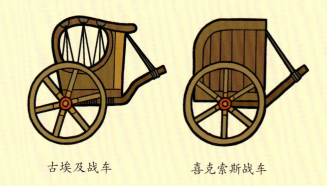

古埃及战车　　　　喜克索斯战车

¤ 机动性

古埃及人将车轴由车厢中部移到了车厢后部，还加宽了车轮的间距，这样一来，车体重心有所改变，高速行驶时，车辆的稳定性和机动性得到提升，转弯非常稳，漂移不翻车。有种说法称，古埃及人把车轴和车轮分开，通过一套复杂的皮带将它们连在一起，从而使每个车轮可以独立移动，以达到减震效果。

古埃及人"魔改"的双轮战车几乎达到了完美的程度，甚至有人说："这样的构造，直到15世纪依然是世界上最好的机器。"

这战车可真是金贵了……

✿ 减员

　　古埃及战车上只有两名乘员：驭手和弓箭手。这进一步减轻了战车的重量。之所以可以减员，是因为古埃及战车的作战思路与其他国家不同：后者有时有三名乘员——驭手、长矛手、盾牌手，配备二到四匹马，战车很重，作战目的是冲击敌军步兵阵列；而古埃及战车的首要目标是敌方的战车，利用复合弓的远射程和战车的高机动性消灭敌方战车、保护己方步兵，并引导步兵进攻。古埃及战车基本上和后来的弓骑兵一样，是一个机动的火力投射平台。

古埃及战车的车厢很小，只能两人并排站立，驭手兼任盾牌手，在弓箭手作战时，提供必要的保护。

　　总之，获得了战车技术的古埃及军队，机动能力显著提高，变得颇具攻击性，并且有能力在境外进攻作战。因此，古埃及军队很快发展成为当时世界上最强大的军事力量之一，为日后古埃及帝国的迅速扩张奠定了基础。

在很多壁画、浮雕上，法老都是将缰绳绑在腰上，一个人驾车射箭，威风无比。这大多是艺术夸张，训练的时候或许可以，但真正在战场上，必须有一名驭手负责驾车。

古埃及版复合弓

古埃及复合弓采用三角弓的形制，这种形制的弓在当时被广泛使用，包括古埃及人、赫梯人、亚述人等，亚述人甚至一直用到了公元前7世纪。

复合弓的引入使古埃及军队在其传统项目上如虎添翼。它的射程远，初速高，可以穿透喜克索斯人的青铜鳞甲。

不过这一时期古埃及人也没有完全放弃单体木弓，因为复合弓结构复杂，制作周期很长，动物胶可能需要一年或更长时间才能彻底干燥，而且复合弓保养麻烦，对温度、湿度都非常敏感，平时要放在弓箱中携带，所以大部分弓箭手还是装备着方便大批量生产的单体木弓。复合弓被优先供应给战车部队。

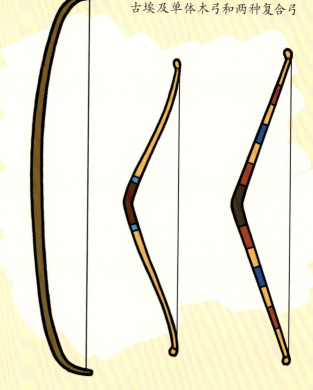

古埃及单体木弓和两种复合弓

复合弓由于使用了多种材料制作，弹性好，可以做得比较短，不像单体木弓受制于材料弹性，不能做得很短，所以复合弓非常适合在空间狭小的战车里使用。

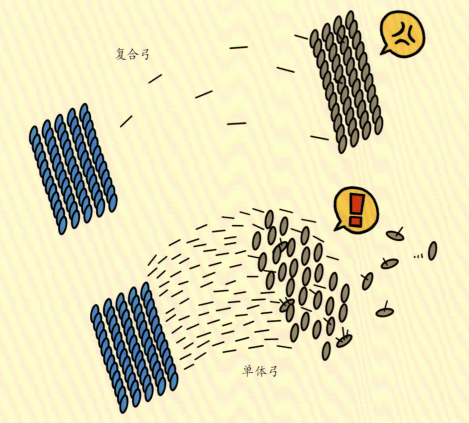

复合弓

单体弓

复合弓射程远，穿透力强，但拉距也长，因此在射速方面不如单体木弓。古埃及军队依然大量列装单体木弓是因其高射速在敌人接近时可以造成高密度箭幕，从而将敌人淹没，而复合弓则用来进行远程压制或狙击，尤其适合用在战车和军舰上。

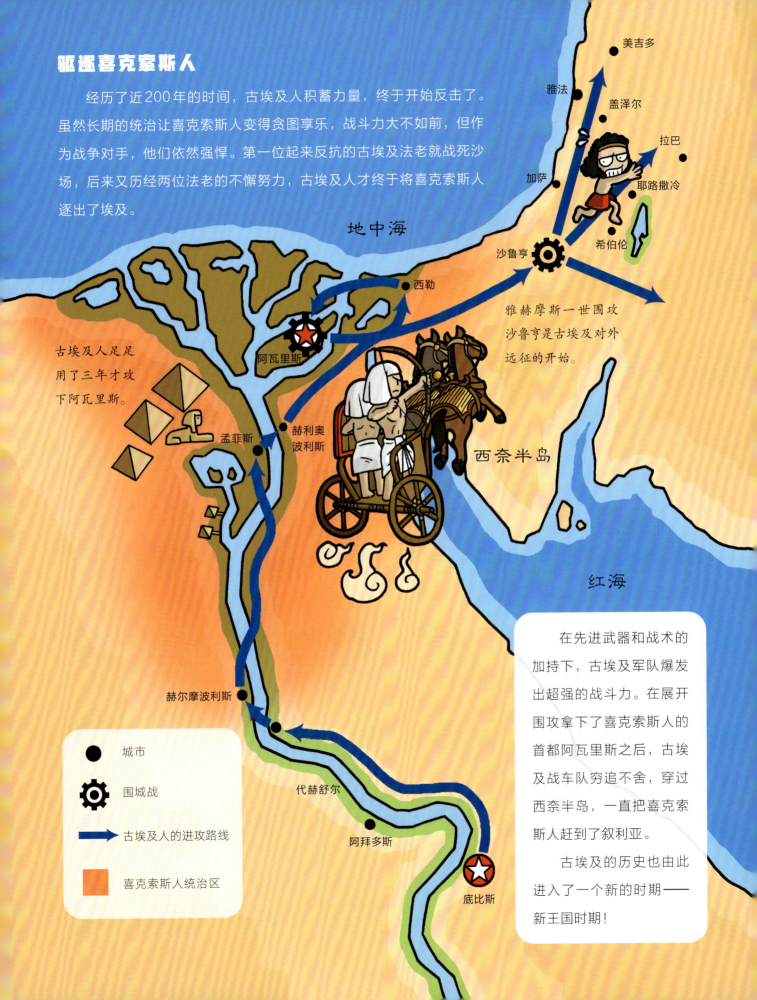

驱逐喜克索斯人

经历了近200年的时间，古埃及人积蓄力量，终于开始反击了。虽然长期的统治让喜克索斯人变得贪图享乐，战斗力大不如前，但作为战争对手，他们依然强悍。第一位起来反抗的古埃及法老就战死沙场，后来又历经两位法老的不懈努力，古埃及人才终于将喜克索斯人逐出了埃及。

美吉多

雅法

盖泽尔

拉巴

加萨

耶路撒冷

希伯伦

地中海

西勒

沙鲁亨

雅赫摩斯一世围攻沙鲁亨是古埃及对外远征的开始。

古埃及人足足用了三年才攻下阿瓦里斯。

阿瓦里斯

西奈半岛

孟菲斯

赫利奥波利斯

红海

在先进武器和战术的加持下，古埃及军队爆发出超强的战斗力。在展开围攻拿下了喜克索斯人的首都阿瓦里斯之后，古埃及战车队穷追不舍，穿过西奈半岛，一直把喜克索斯人赶到了叙利亚。

古埃及的历史也由此进入了一个新的时期——新王国时期！

赫尔摩波利斯

代赫舒尔

阿拜多斯

底比斯

● 城市

⚙ 围城战

→ 古埃及人的进攻路线

■ 喜克索斯人统治区

新王国时期

公元前 1567—前 1085 年

新王国时期是古埃及帝国崛起的时期，经历了驱逐喜克索斯人的战争，古埃及军队在装备和战术方面都有了质的飞跃，在之后的数百年中横扫并称霸黎凡特地区，甚至打到了两河流域。

重装步兵

古埃及的重装步兵看上去也没什么像样的盔甲，但相比中王国时期，防护力的确加强了。除了盾牌，重装步兵的装备增加了背心式亚麻胸甲和椭圆形护裆，还有皮质头盔，头巾据说也加强了。

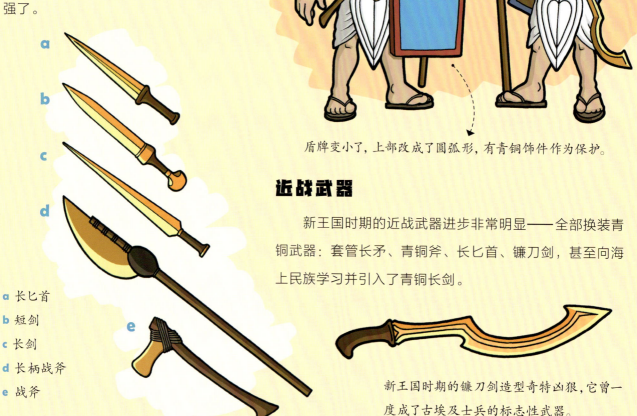

盾牌变小了，上部改成了圆弧形，有青铜饰件作为保护。

a 长匕首
b 短剑
c 长剑
d 长柄战斧
e 战斧

近战武器

新王国时期的近战武器进步非常明显——全部换装青铜武器：套管长矛、青铜斧、长匕首、镰刀剑，甚至向海上民族学习并引入了青铜长剑。

新王国时期的镰刀剑造型奇特凶狠，它曾一度成了古埃及士兵的标志性武器。

复合弓箱

军官与侍卫

在一个哈特谢普苏特（Hatshepsut）女王时期（公元前1503—前1482年）的浮雕上，有一个军官形象，他的围腰布比普通士兵的要长，手臂上佩戴手镯和臂环，手拄一根齐胸高的权杖。值得注意的是，军官身后的士兵为他携带着一个用来装复合弓的弓箱。看来在必要的时候，这位军官是可以进行远程攻击的。

军官的权杖既是地位的象征，也是惩戒的工具。

论功行赏

敌人的手（通常是右手），是古埃及士兵战绩的证明，要带回营地交给抄写员进行论功行赏。据说在图特摩斯三世（Thutmose Ⅲ，公元前1514—前1425年）的第一战，即米吉多（Megiddo）战役中，当法老发起冲锋时，敌人一触即溃，与数量巨大的战利品相比，俘虏只有340人，手掌只有83个。要知道，据称这场战役中的敌人多达10000—15000人，仅缴获的战车就有924辆。由此可见，敌人跑得是真够快的！

复合弓的长度可以做到1.2米左右，甚至更短。

箭筒是用皮革或者柳条做的，有盖子，大约能放 20—30 支箭。

弓箭手

进入新王国时期，古埃及本土的弓箭手开始全面换装了复合弓。现代对这种武器的测试表明，它的性能相当优异——精确射程为60米，有效射程为175米，最远射程甚至可以达到500米！

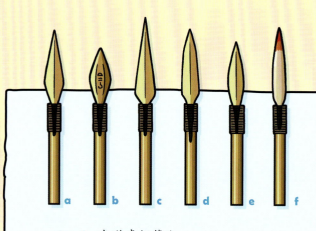

a b c d e 各种青铜箭头

f 第十八王朝时期淬毒的骨箭头

青铜箭头

新王国时期普遍开始使用青铜箭头。青铜是铜锡合金，比纯铜要硬得多，箭头穿透力更强。青铜的特性使其非常适合铸造和锉削，加上箭头的插接结构简单，可以实现批量生产。这是绝对必要的，因为每个弓箭手可能需要数百支箭。古埃及新王国时期的兵工厂一定是个异常忙碌的地方。

骑手

虽然没有证据表明古埃及人使用过骑兵作战，但在军队中已经出现了骑手，他们的主要任务是传递信息和侦察。在表现卡迭石战役的浮雕中，就有骑手的形象，但他的马没有马镫和马鞍，只在马背上垫了一块皮革或者是织物。

没有出现骑兵的原因是这个时期的马匹负重能力还不行，没法驮着全副武装的士兵长时间奔跑。

古埃及人的头部防御

a 蓝色皇冠 也叫战争皇冠，是法老出征时佩戴的，在古代埃及语中被称作"Khepresh"，代表蓝色的天空。

b 头发假发 普通士兵最基本的头部防护物，仅仅起到美观与遮阳的作用。

c 条纹头巾 这应该是一般人印象中古埃及人标志性的头饰了，同样也没什么防护力。

d 皮制头盔 新王国时期发放给重装步兵的头盔。终于有些像样的防护了呢！不过看上去挺热的。

e 鳞甲头盔 这种金属头盔通常配发给精锐的战车兵。

a

b

c

d

e

战车部队

新王国时期，古埃及军队的核心是战车部队。鼎盛时期，古埃及可以动员2000辆战车进行境外作战。这些战车轻巧而坚韧，车厢通常宽1米、深50厘米、高75厘米，车轴宽175厘米，车厢后部完全敞开，两侧也留有大窗口。车轮直径90厘米，有6根辐条。战车的制造成本很高，现代有研究估计，制造一辆古埃及战车需要600个工时。

战车上的乘员依然是两人，驭手负责驾车，配备盾牌。弓箭手负责作战，配备复合弓。另外古埃及人还会挑选勇敢强健、善于奔跑的士兵作为"战车跑者"，跟随战车作战。古埃及战车部队的首要作战任务就是：消灭敌方战车！

弓箭手

战车弓箭手都是精英战士，能在疾驰的战车上准确射中移动的目标可不是一件容易的事情！不少贵族子弟加入战车部队，成为训练有素的弓箭手，很多法老本人也精通此道。总体来说，他们的装备通常比较好，有鳞甲和头盔。

战车跑者

尾随战车奔跑的士兵，职责是处置或俘获敌军战车乘员，同时掩护己方战车作战，营救己方坠车乘员；在敌方战车穿过己方战车战线时，尽可能缠住敌方战车，不让他们接近己方步兵阵列。因为古埃及战车转弯很快，所以能迅速赶回来与跑者夹击敌方战车。
这就是现代"步坦协同战术"啊！

发展轻型战车也与多沙漠和高地环境有关

驭手

可别小看这些"老司机",他们不但要确保行车安全,还要在必要时刻,用盾牌给弓箭手提供保护,而他们自己通常没什么像样的护甲。尽管如此,有一位驭手却在历史上留下了自己的名字,他就是拉美西斯二世(Ramses II)的私人司机——"门纳",同时留下名字的还有法老的两匹战马——"底比斯的胜利者"和"心满意足的穆特"。

武备箱

战车两侧都设有弓箱和武备箱,弓箱中装有上弦与未上弦的备用弓,武备箱中有备用箭和两对短矛,另外还会装备穿甲用的重箭。备箭大概有 80 支!据说还有一把巨大的镰刀剑,放哪呢?这简直是移动的武器库!

备用箭

短矛

备用弓

弓箱

据说为了弥补鼻带对马呼吸的限制,古埃及人会切开马的鼻孔,让呼吸更顺畅。好疼……

战场指挥系统：军乐队和旗手

　　古埃及军队的战场指挥与其他古代军队一样，都使用乐器。大规模军事调动通过军号传达，比如前进、后退等指令，鼓手则可以让步兵队列在移动时保持统一的节奏。

　　旗帜的作用有很多，它可以标示部队，让士兵清楚地知道自己部队的位置和移动方向，同时也是一支部队地位与士气的象征，指挥官则可以通过各部队旗帜的位置，判断形势，指挥作战。

　　在浮雕和绘画中，我们可以找到很多古埃及的旗帜例子，有的是神圣的动物形象，有的是神明的形象，有的甚至是一条船。其中常见的是一种半圆形的扇子，动物和神明通常是提供兵源地区所崇拜的对象，还有一些则代表兵种。

古埃及的军团

　　新王国时期的军团以提供兵源地区所信仰的主神进行命名，通常有 5000 人，配备 500 辆战车。以拉美西斯二世的四大军团为例：

阿蒙军团： 来自底比斯
　　阿蒙：新王国时期的国神
拉　军　团： 来自赫利奥波利斯（Heliopolis）
　　拉：太阳神
赛特军团： 来自阿瓦里斯
　　赛特：战神
普塔军团： 来自孟菲斯
　　普塔：工匠与艺术之神

（详见卡迭石战役）

a 胡狼　**b** 圣甲虫　**c** 圣船
d 鸵鸟羽毛　**e** 隼

鸵鸟羽毛通常代表战车部队和高级军官。

f 阿蒙　g 哈托尔　h 荷鲁斯　i 狮子

外族佣兵和海军

古埃及军队的一个特点是，一直存在不少外族士兵，后来逐渐演变成佣兵，并且占比越来越大，有的佣兵甚至作为法老的亲卫队参战，例如拉美西斯二世的施尔登亲卫队，有说法称，拉美西斯二世的军队中有一半甚至一半以上的士兵是外族佣兵。

据记载，第二十王朝时期（公元前1186—前1069年），古埃及曾派出一支5000人的远征军，其中只有大约1900人是古埃及人，其他都是外族雇佣军，甚至第二十二王朝的开创者舍松契一世（Sheshonq I），就是利比亚佣兵的后裔。

一个国家的军队中有越来越多的外族佣兵，那就是这个国家衰落的开始。

即使到了新王国时期，努比亚弓箭手貌似也一直坚持使用传统单体木弓，没有换装复合弓。

努比亚人（Nubian）

据说他们是最优秀的弓箭手，来自古埃及南方的尼罗河上游地区，自古王国时期就大量加入古埃及军队作战了，几乎成了古埃及军队的标志性兵种之一。他们保留了自己独特的服装，头上饰有鸵鸟羽毛，耳朵上戴着巨大的金耳环，地位高的人还有金手镯和项圈，腰上围着整张兽皮做的围裙，身后还会飘着一条尾巴。

他们挂箭筒的位置很有特色，会挂得很低，这不会比从背后抽箭更快，不过在打猎时，更方便在压低身体潜行时抽箭，不会因为动作太大而惊动猎物。

除了弓箭，努比亚佣兵还擅长使用盾牌、标枪、匕首作战。

一名努比亚侦察兵悄悄接近敌军，观察对方动向。他穿着努比亚战士标志性的兽皮围裙，其他一切从简，头上没戴努比亚弓箭手喜爱的鸵鸟羽毛，身上也没挂箭筒，因为这些装备很容易引人注目或者发出声响，从而暴露目标，因此，他只带了两支箭和一把匕首防身。

麦德察人（Medjay）

麦德察人来自尼罗河第二瀑布以东的努比亚地区，中王国时期就广泛服务于古埃及社会各界，担任士兵、护卫、警察等职位。他们是优秀的战士，在驱逐喜克索斯人的战争中，曾作为侦察兵参战。到了新王国时期，他们还被指定为底比斯地区帝王谷皇家墓葬的守护者，负责保护修建陵墓的工匠和维持治安等工作。有研究称，他们是世界上最早的警察部队。

游戏《刺客信条：起源》里的主角巴耶克其实就是一个麦德察人。

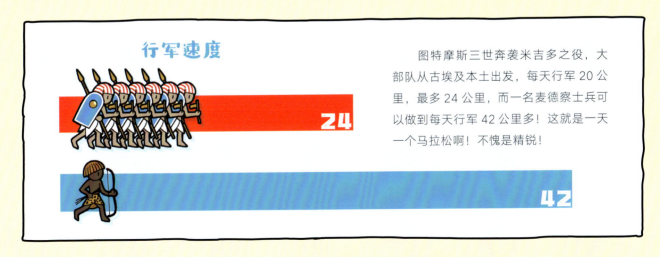

行军速度

24

42

图特摩斯三世奔袭米吉多之役，大部队从古埃及本土出发，每天行军 20 公里，最多 24 公里，而一名麦德察士兵可以做到每天行军 42 公里多！这就是一天一个马拉松啊！不愧是精锐！

施尔登人（Sherden）

　　在古代世界的青铜时代，施尔登人是纵横地中海的一支"海上民族"。他们头戴牛角盔，手持圆盾、长剑，造型十分彪悍！作为佣兵，这卖相实在没得挑！（等会儿，这不是维京海盗吗？的确很像，果然这一行的装备都差不多呀！）

　　拉美西斯二世就拥有这样一支由施尔登人组成的皇家卫队。在卡叠石战役的关键时刻，面对已经冲破阿蒙军营、汹涌而至的赫梯战车军团，他们协助法老坚守住了皇室营地。（据说这些施尔登人是之前在骚扰古埃及沿岸时被俘，后被带进军队的。）在之后的拉美西斯三世时期，"海上民族"联合起来大举进攻古埃及，结果古埃及人付出了惨重的代价才击退了他们。

　　不管怎么说，施尔登人新颖的造型给古埃及人留下了深刻的印象。另外，这伙儿人也一定是相当能打的，否则不会被法老们收作皇家卫队。

穿着古埃及样式的皮质护甲和亚麻短裙、护裆。

凉鞋！皇家卫队的待遇确实比普通士兵好很多。

头盔上的圆盘，据说是编入古埃及军队后加上的，代表古埃及的太阳神——拉。

据考证，施尔登人可能起源于爱琴海一带，在希腊克里特岛曾出土过这种用野猪牙拼接做成的头盔。

海上民族一般使用圆形盾牌，这和古埃及的盾牌样式很好区分，握持方式也不同。

这种青铜直身长剑，带有明显的欧洲武器风格。

非利士人 （Philistine）

公元前1200年前后，青铜时代晚期，持续的饥荒造成了爱琴海沿岸海上民族的移民潮，整个东地中海沿岸乱作一团。塞浦路斯被海上民族吞没，随后他们拖家带口、海陆并进，沿着顺时针方向将从小亚细亚到黎凡特的大片地区扫荡了一遍，赫梯帝国甚至因此灭亡。直到公元前1190年，这股移民潮才在古埃及的尼罗河三角洲地区被拉美西斯三世阻断。虽然拉美西斯三世打败了海上民族，但并没有摧毁他们，他明智地把他们安置在巴勒斯坦南部的沿海平原，作为古埃及门户的缓冲地带，非利士人由此出现。在这之后，古埃及军队中开始出现非利士人的身影。

据说这种将裸剑用绳子挂在胸前的携行方法，是爱琴海和塞浦路斯士兵的典型代表。行吧，可能那时候的剑都不是特别锋利？

神奇的头盔

非利士人这种有趣的头盔在古埃及表现海上民族的艺术作品中是很常见的款式。它有一圈青铜外壳，内部有用皮革、织物和压实的稻草填充的衬垫，最上面插了一圈羽毛，也有插树枝或者稻草的，反正什么吓人插什么，请发挥你的想象力。左边这顶显然是地位较高的战士佩戴的，巧合的是这种头盔同样出土于克里特岛。

利比亚人（Libyan）

一直以来，利比亚人总是从西部对古埃及造成威胁，还曾经联合海上民族入侵过古埃及，所以古埃及人不得不每隔一段时间就对利比亚人展开一次惩罚行动。在长期的"交流"过程中，一些利比亚人开始出现在古埃及的军队中，甚至出现了利比亚人当法老（舍松契一世）的情况。

他们的装扮很有特色，除了兽皮做的披风和阴茎罩之外，几乎全裸，身上绘有文身，侧面的头发编成辫子，蓄胡须，头顶饰有鸵鸟羽毛。

可能是因为地理位置相对不那么偏僻，与外界交流的机会多，利比亚人使用了复合弓和海上民族惯用的青铜长剑。标枪也是他们经常使用的武器。

迦南人（Canaanite）

迦南大概就是当今巴勒斯坦、以色列这片区域。因为是古埃及通往亚洲的门户，所以在新王国时期，这里一直是古埃及稳固的势力范围。可能由于距离古埃及本土很近，迦南的各城邦通常都是古埃及忠实的盟友。在卡迭石战役最危急的时刻，一支迦南盟军及时赶到战场，扭转战局，救下了拉美西斯二世。

迦南人有独特的长方形盾牌，用战斧和长矛作战，同时也用三角复合弓。

希腊人（Greek）

　　希腊人早在迈锡尼时期就与古埃及有交流了，并且定居在古埃及，拉美西斯二世的军队中可能就有包括来自迈锡尼的雇佣兵。希腊人的重装步兵方阵战术出现之后，希腊重装步兵一直是佣兵市场的热门"产品"。在公元前7世纪，古埃及尼罗河三角洲的一位省长招募希腊雇佣兵，推翻了当时统治古埃及的努比亚王朝，自称普萨美提克一世（Psamtik I，公元前664—前610年），建立了第二十六王朝。后来在法老们的支持下，越来越多的希腊人来古埃及定居，提供佣兵服务，或者殖民，他们的足迹也深入到南部的上埃及地区。一位希腊佣兵在经过阿布辛贝勒神庙时，甚至把自己的名字刻在了拉美西斯二世巨大雕像的脚上。

希腊雇佣兵在埃及被称为"青铜人"，
卖相是相当地好，法老们都特别喜欢。

迈锡尼鳞甲片

　　这是一片出土于萨拉米斯岛的鳞甲片，上面铸有拉美西斯二世的名号，年代相当于古希腊的迈锡尼时期。鳞甲并不是迈锡尼的典型护甲，不知道是不是迈锡尼战士去法老军队里"淘金"带回来的纪念品。

古埃及海军

尼罗河孕育了古埃及文明，可以说，船只是和古埃及文明一起诞生的。古埃及国土中有大河，两方临海，河运与海运为古埃及军队在行军和补给方面提供了巨大支持。从古埃及陆军作战的区域可以看出，他们一直没有脱离海军的支援而太过深入内陆。即使战车的使用让古埃及陆军的机动能力大幅提升，得以向前出击到亚洲进行作战，他们的活动范围基本上还是没有超出地中海东侧沿岸地区。

一直到中王国时期，海军的主要任务都是运输部队和补给。这个时期的埃及军队没有战车和马匹，河流是他们唯一的快速通道。

在尼罗河行船很轻松，河谷中常年有风向南吹，逆流而上时只需扬帆航行，回程正好顺流而下。

中王国时期的尼罗河运输船

　　船长约25米，可以配置30名桨手，据说在尼罗河逆流行驶时，每天大概可以行驶55公里，比在陆地上快了一倍还有余。

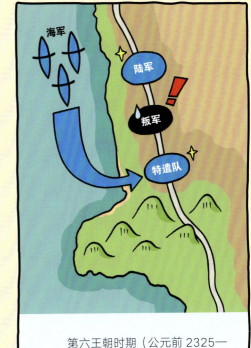

　　第六王朝时期（公元前2325—前2150年），佩皮一世（Pepy I）的军队在一个叫"羚羊鼻子"的地方，利用海军配合陆军特遣队实施两栖登陆，将反叛部落困住。

新王国时期的海军战舰

处于鼎盛时期的古埃及帝国从黎凡特地区获得了足够多的雪松——一种优质的造船木材，在此基础上，拥有在当时处于前沿造船技术的古埃及人对船舶进行了许多更适合作战的改进。改进后的船舶与地中海其他民族的船舶有了很多相似之处，在对抗海上民族入侵的战斗中发挥了巨大作用。

古埃及本土的树木，如金合欢树和无花果树能提供的木材很短，大约都只有一米长，这样的木材通常只能用来建造小船，并且易被撞碎。而雪松笔直且轻盈，非常适合建造大型海船，它也是善于航海的腓尼基人首选的造船材料。

桅杆顶端设有"乌鸦巢"，驻有弓箭手，其职责是瞭望和在高处攻击敌人。

船两侧加高了护板，可以保护桨手免受攻击。

船头增加了撞角，不过由于位置太高，可能没办法撞沉敌船，而是撞翻或者插进敌船船体，以及作为海军陆战队登上敌船的桥梁。

每艘战舰都配有15—20名海军陆战队员，装备复合弓和近战武器，主要进攻手段依然是弓箭，用来扫清敌船甲板，为登船的战友提供火力支援。

船头、船尾都增设了小型堡垒，为陆战队作战提供高度和掩护。

船尾简化成了更简单实用的造型。

Sumer

苏美尔
Sumer

苏美尔，一个神奇的文明，它可能是目前已知的最早诞生的人类文明，虽然在3000多年前就已经消失了，却几乎影响了周边所有的文明。他们的发明创造甚至沿用至今，60进制，时间的划分——一年12个月、一天24小时、一小时60分钟，轮子、帆船、制铜、法典、犁、套管斧……最重要的是，他们发明了啤酒！啤酒！啤酒！

当然，在军事上，苏美尔人也是超越时代的存在，下面我们来看看他们有多神奇！

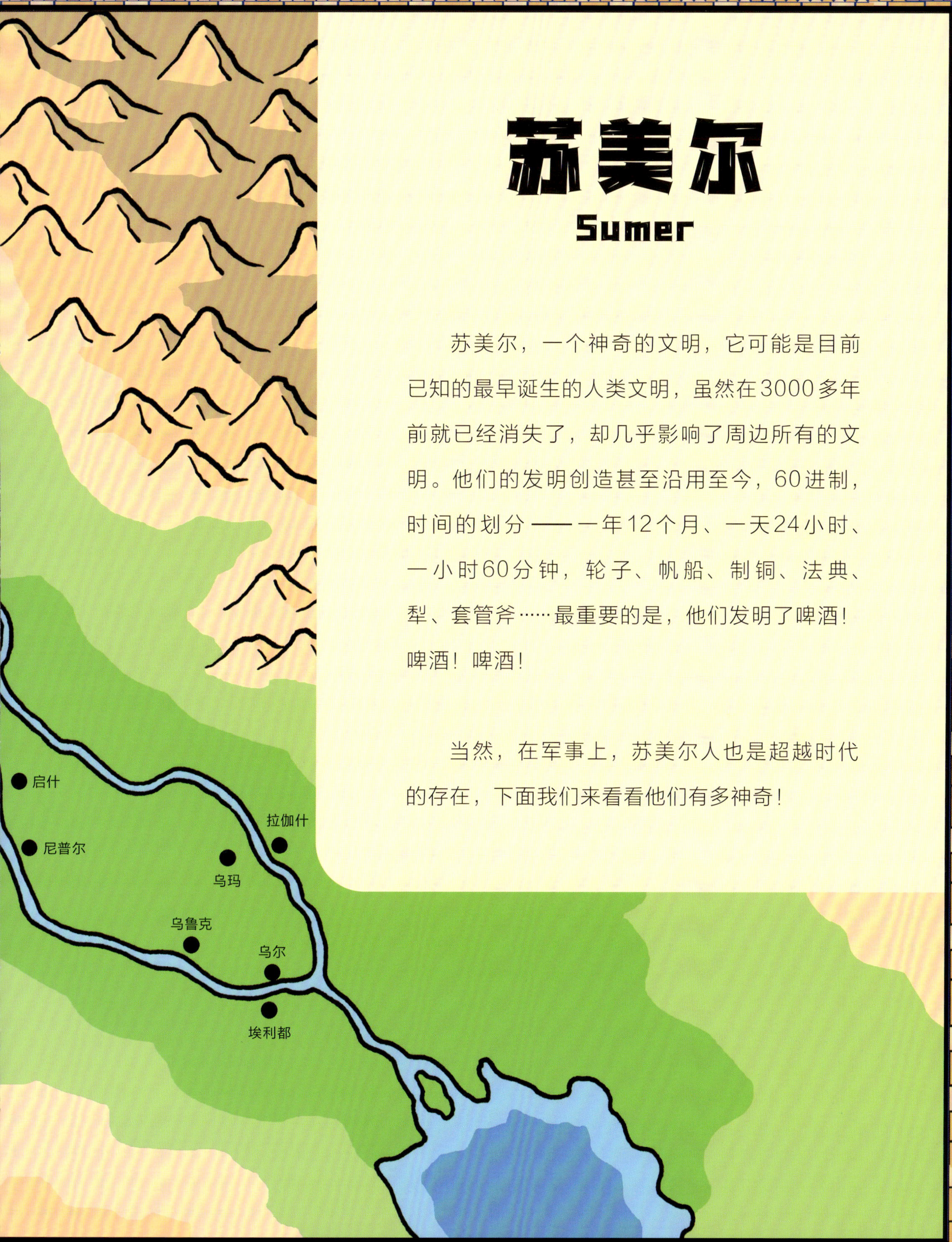

启什

尼普尔

拉伽什

乌玛

乌鲁克

乌尔

埃利都

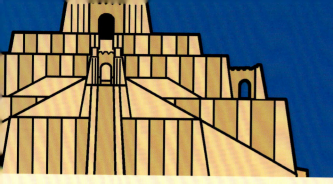

苏美尔人

约公元前 4000—前 1900 年

苏美尔人早在公元前5000年的时候，就来到美索不达米亚的南部地区定居了。公元前3500年左右，他们已经建立了很多城邦国家，这些城邦国家互相争战不休，打来打去，一直打了1000多年才逐渐统一。不管怎么说，苏美尔人在打仗方面确实有一套，据说他们士兵的装备都是由国家统一配发的。

铜头盔是苏美尔士兵的一大特征，很难想象在那个年代竟然能大量装备。

乌尔（Ur）步兵

乌尔是苏美尔南部的强大城邦，人们在其遗迹中发掘出很多珍贵的文物。其中有一个叫"乌尔军旗"的梯形盒子，上面的镶嵌画展示了乌尔步兵的形象，他们广泛装备铜或青铜头盔和武器，虽然没有盾牌，但是披风上饰有铜钉，能产生一定的防御效果。

据推测，披风是由皮革或者毛毡制成的。

山羊毛制成的裙子，方便行动，且有一定防御力。

a b c d

乌尔步兵武器

a 一个长达40厘米的青铜矛头，据推测是在木柄上钻孔，将矛头插入后，再用铜箍固定。

b 这款是将矛头插入木柄，再用铆钉固定。

c 标枪头，其实就是小号矛头。

d 一种特殊的长柄武器，有点像钩镰枪，据说可以用来钩掉敌人的盾牌。有意思的是它没有尖，这样就不会插进敌人的盾牌中。看上去是用套管方式安装的。

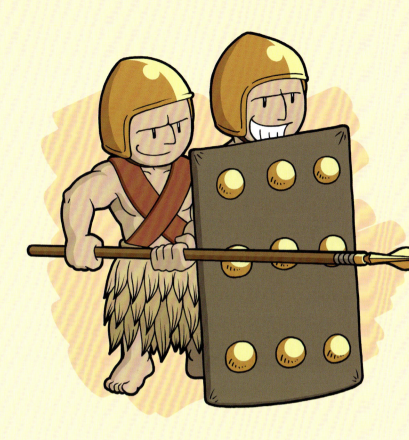

拉格什（Lagash）步兵

拉格什是苏美尔地区北部的强大城邦，人们在其遗迹中发现的恩纳图姆鹫碑碎片上有拉格什城邦步兵的形象，这些步兵装备大型盾牌，双手持矛。有人推测，他们是用颈带固定盾牌，双手持矛向前，但是那么宽的盾牌横在身前，怎么将长矛前伸呢？仔细观察碎片上的画面后，你会发现，盾牌的数量明显少于人头的数量，由此可以推测，在这种长矛阵列中，很可能一面盾牌后面有两名士兵，一个人持大盾防御，另一个人双手持矛突刺，矩形大盾后面有足够的操作空间。

最开始苏美尔人也使用锤棍类武器，但后来步兵广泛装备了铜头盔，锤棍因而被"嫌弃"，几乎被赶出了战场。

巨大的盾牌用木头或芦苇制成，外面覆盖皮革，并且有铜制圆盘起到加强作用。

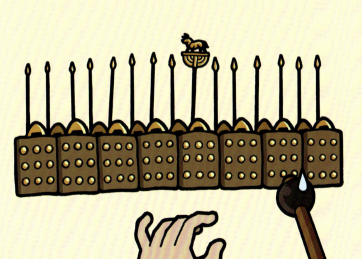

拎着锤子出门打个架，遇到这么一帮伙计，你说咋整？

弓箭手

在已经发现的苏美尔文物中极少出现弓箭手的形象，以至于人们以为苏美尔人的军队里没有弓箭手，后来终于找到一尊有攻城场景的浮雕，上面的弓箭手使用的弓看上去像一把复合弓，令人非常惊奇。结合一些关于复合弓起源的资料推测，这个形象应该是苏美尔晚期的士兵形象。

鉴于苏美尔军队在各方面表现出来的超越时代的特征，我们完全有理由相信，他们不可能不装备弓箭，即便是一开始也会使用单体木弓，但是可能因为弓箭容易腐烂，所以没有实物保存下来；也有可能苏美尔的皇室、贵族不喜欢使用弓箭，弓箭手都出自平民，所以在皇家墓葬中没有发现弓箭。

反曲的形状明显带有复合弓的特征。

攻城盾

在上文提到的浮雕被发现之前，人们一直以为下图这样的攻城盾是亚述人发明出来的，但浮雕证明其早在苏美尔时期就有了。（感觉苏美尔人塑造了整个美索不达米亚文明的形象。）

用芦苇捆成的巨大弧形盾牌，非常笨重，是为围攻战设计的。当士兵在城墙底部战斗时，盾牌弧形的顶部能保护士兵不受来自墙顶防御者的伤害。

拉格什王恩纳图姆（Eannatum）

　　恩纳图姆是拉格什第一王朝在军事上最成功的统治者，约公元前2454—前2425年在位，他击败了苏美尔人的东方宿敌——埃兰人，并且使苏美尔实现了短暂的统一。恩纳图姆在战斗中身先士卒，前文提到的秃鹫碑记载的就是他的事迹：在与乌玛（Umma）的战斗中，恩纳图姆被敌人的箭射中，他自己折断箭，继续带领士兵们发起进攻。

　　镰刀剑很可能是苏美尔人在公元前2500年左右发明的，后来又传播到了迦南和古埃及等地。

　　在那个年代，铜还是比较稀缺的，因此，镰刀剑这种武器只提供给重要人物。

军官

　　据推测，苏美尔军队的编制分为6人、60人、120人、600人等，均为6的倍数，一个城邦的军队由数个600人的队伍组成。

　　苏美尔人的技术装备很强，他们很早就掌握了"套管斧"技术，这种战斧造型前卫、优美，斧刃窄小流畅，一看就是用来砍穿盔甲的；更有广泛装备的金属头盔；他们还贴心地开发了穿甲能力更强的战镐！

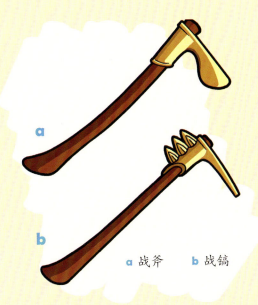

a 战斧　　b 战镐

发髻和头带是阿卡德风格。

这些小孔是用来固定头盔衬垫的。

有耳罩是苏美尔风格。

黄金手镯

黄金匕首

启什国王

启什（Kish）国王的头衔是授予那些统一了苏美尔和阿卡德地区的强大统治者的，在某种程度上，这个头衔的意思是"万王之王"。他们会戴一种融合了苏美尔和阿卡德风格的黄金头盔——阿卡德风格都是有发髻的，而苏美尔通常被描绘成光头风格。这种融合了两种风格的头盔做工非常精致，每一根发丝都清晰可见。

阿卡德人

阿卡德是生活在苏美尔地区西北部的一个民族，在长期的交流过程中，受苏美尔文明的影响非常大。后面会有专门的篇章进行更详细的介绍。

吉尔伽美什

苏美尔神话中最著名的英雄——乌鲁克（Uruk）国王，关于他的史诗《吉尔伽美什》，是目前世界上已知的最古老的英雄史诗，在苏美尔人当中口耳相传，最终在古巴比伦王国时期用文字形式记录并流传下来。

在一个刻有吉尔伽美什的古代浮雕上，他笑得很甜美，左手抓着一头狮子，就像抱着一只小猫。吉尔伽美什的呆萌和狮子的崩溃扑面而来。拜服这些古代雕刻大师！

苏美尔军旗和军队

苏美尔军队的军旗上一般有动物和神话中的形象，比如暴风雨之神安祖德（Anzud），它的形象是一只狮面神鸟，经常抓着狮子，传说它是战神宁吉尔苏（Ningirsu）的猛禽，象征战争，通常被用在战旗中。

一个典型的苏美尔城邦通常会有大约30000—35000的人口，有一支600—700人的常备军作为国王卫队。在全面动员的战时情况下，能征召一支4000—5000人的军队（这个数量应该是所有能拿得动武器的男人全上了吧……）。

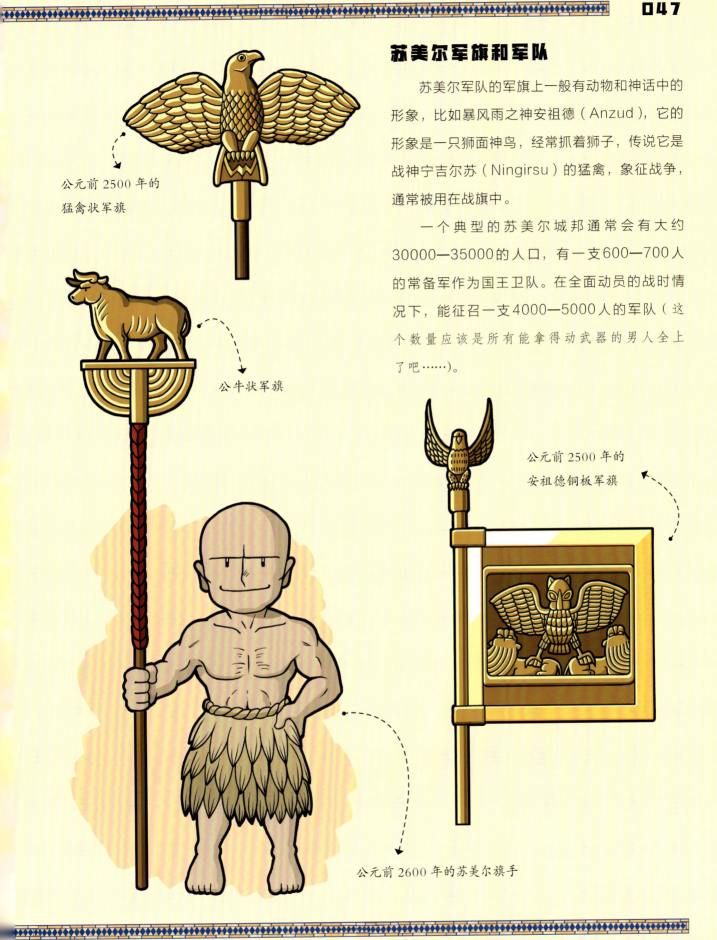

公元前 2500 年的
猛禽状军旗

公牛状军旗

公元前 2500 年的
安祖德铜板军旗

公元前 2600 年的苏美尔旗手

苏美尔战车

苏美尔人的战车多是四轮的，而且是实心木轮，看起来很笨重，其实却不一定，有研究说，苏美尔人生活的地方森林不多，但沼泽很多，所以在战车的木框架上使用了很多芦苇和柳条制作的构件，可以让战车更加轻便。

另外，苏美尔战车的动力也相当"澎湃"——四驴力发动机！驴？没错，拉车的是四头中亚野驴（当然肯定是经过驯化的）！不过挽具非常简单，加上这些牲畜的驯化水平……总之，甭管战车的速度怎样，单这四头野驴，想来也是声势惊人的。

暂时没有找到任何文物证明苏美尔人在战车上使用弓箭作战，这样看来，苏美尔战车很可能是用来冲击敌人步兵阵列的。当敌人也有战车时，他们会与敌方战车交战，阻止敌方攻击己方步兵，也可以追击溃逃的敌人，在必要时还能用作重型步兵的运输工具。

据记载，乌玛城的统治者拥有一支由60辆战车组成的精锐部队；强大的统治者，如控制整个苏美尔南部的卢加尔·扎格西（Lugal-Zage-Si），也可以利用自己的附庸国来部署600辆以上的战车（这得多少野驴呀……）。

战车组有两名乘员：驭手和战士。
驭手三面都有高高的护板，看起来相当安全。

装备有标枪和战斧，
武器存放在车厢内。

这种武器很奇特，看上去像一把长柄铜锤，用起来肯定相当威猛。

根据乌尔军旗镶嵌画上的战车形象推测，战车的前挡板是有倾斜角度的，这样设计的好处是给驭手留出了放脚的空间，驭手就可以站得更靠前，从而节省车内空间；并且，倾斜的上层挡板可以让车内的武器更稳定。

备用武器放在车厢中，方便快速取用，并不像某些复原图中画的，放在向前倾斜的外挂桶中。

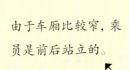

由于车厢比较窄，乘员是前后站立的。

苏美尔跨车

在苏美尔的一处浮雕中，人们发现了一种奇特的车辆——一种非常小的双轮战车，驭手在车下站着，车上没有人，所以不知道这辆车的车厢是什么样的。根据浮雕上展现的车身结构和配饰分析，有两种推测：有车厢双轮战车，无车厢双轮战车，简称跨车。

其中跨车的可能性更大，原因有以下几点：首先，车身前后两头翘的形状和一般的双轮战车的车厢很不一样，也没有必要做成这样；其次，车辀（zhōu）的位置和一般双轮或四轮战车的也不一样；还有就是车身上的豹皮，很像是铺在一个座位上，如果是车厢的话，就没有必要在侧板上铺豹皮了呀！

另外，这么一辆小车，竟然和四轮战车一样由四头驴拉车……

辀
古代车辆前面弯曲的独木车辕，用以驾驭提供动力的动物。

浮雕上的形象

有车厢双轮战车

无车厢双轮跨车

跨车

这种形制的战车还是第一次见到，苏美尔人的脑洞真够大的，这就是一辆畜力"平衡车"啊！这种轻便的车辆有可能是用于战场通信的，在追击敌人的时候应该也能大显身手。

双人跨车

面对苏美尔战车……这么一坨东西向你冲过来，就问你怕不怕？！

阿卡德

Akkad

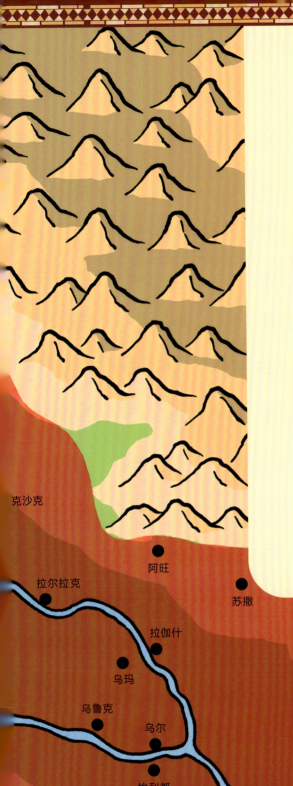

阿卡德
Akkad

　　阿卡德人，是闪米特人（简称闪族）的一支，大约在公元前3000年来到美索不达米亚平原定居，生活在苏美尔以北。他们和苏美尔人既是贸易伙伴，偶尔也发生冲突。在长期的交流过程中，阿卡德人从苏美尔人那里学习了很多东西，包括楔形文字、神话体系和政府形式等，而阿卡德人则向人类文明贡献了他们最重要的发明——帝国。

克沙克

阿旺

拉尔拉克

苏撒

拉伽什

乌玛

乌鲁克

乌尔

埃利都

阿卡德帝国

约公元前 2334—前 2192 年

阿卡德帝国被认为是人类历史上第一个帝国，它已经具备了后世帝国的诸多特点，比如幅员辽阔（相比当时的城邦国家）、民族多元和中央集权。在这个帝国 140 多年的历史中，战争持续不断……

阿卡德步兵

阿卡德步兵继承了苏美尔人的青铜头盔，同时在身体防护方面更轻便了；在武器方面，阿卡德步兵装备有长矛、战斧、匕首。阿卡德人的战斧是一种宽刃斧，更适合攻击护甲单薄的目标。

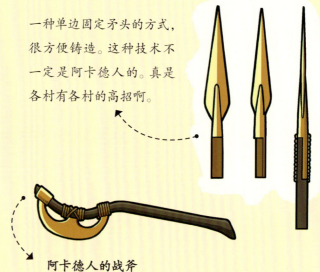

一种单边固定矛头的方式，很方便铸造。这种技术不一定是阿卡德人的。真是各村有各村的高招啊。

阿卡德人的战斧
采用套绑结合的固定方法，造型看上去很有特色。

有些士兵给头盔后部加了个帘子，用于遮阳。

服饰上的流苏装饰是阿卡德人的特色。

如何分辨苏美尔人和阿卡德人

苏美尔人

阿卡德人

发髻

胡须

苏美尔人的光头造型和周边其他民族的大胡子造型都不一样。

阿卡德弓箭手

据说阿卡德是历史上第一个大规模使用弓箭手的民族，也许这就是他们突然崛起的原因。与苏美尔时期的文物相比，阿卡德时期文物上的弓箭手形象很常见，并且，令人惊讶的是，他们所持有的弓箭明显带有复合弓的特征。如果真是这样，那可是阿卡德人的大杀器。

要知道，复合弓是重大的军事创新，我们在前面的古埃及里介绍过，复合弓的射程和威力都远大于单体木弓，古埃及人要在500年后才在喜克索斯人那里领教到这种武器的威力。

阿卡德弓箭手的箭袋底部坠有这样的装饰物。

外族佣兵弓箭手

阿卡德军队中有一些从两河流域周边地区来的外族佣兵。有一种说法是，复合弓是中亚游牧民族发明的，是这些民族的佣兵把复合弓带进了阿卡德军队。

这是阿卡德国王——纳拉姆·辛 (Naram Sin) 记功碑上的复合弓造型。可以看出，这个复合弓有些像后世流行的三角弓，不过它的曲线与1000多年后的波斯复合弓也有诸多神似之处。如果的确是来自中亚的外族佣兵将复合弓引入了阿卡德军队，那说不定阿卡德复合弓和波斯复合弓之间真有这样的渊源，毕竟波斯是从位于中亚的伊朗高原崛起的。

萨尔贡大王与阿卡德帝国的建立

阿卡德帝国的开国君王萨尔贡（Sargon）被誉为"帝国发明者"，他的身世颇为传奇，据说刚出生就被老妈装进篮子里，用焦泥封盖，扔进了河中……话说摩西呀……哦不是，是萨尔贡，被一个园丁捡到并抚养长大，后来当上了启什国王的内臣，再后来又夺取王位，建立了阿卡德帝国。然而没过多久，萨尔贡就面临了一个严峻挑战。

我要不哭两声估计都不会有人知道这里面还有个孩子。

此战之后，阿卡德帝国一发不可收拾，在席卷了苏美尔地区之后，他们向东打败了埃兰人，洗剑波斯湾，向西推进到地中海沿岸，还准备进入小亚细亚，但是据说因为士兵哗变没有成行。萨尔贡大王执政50余年，经历30多场战役，征服了大半已知世界。尽管如此，以现在的眼光看来，阿卡德帝国的疆域基本被限制在两河流域的平原地带，东面是高山，西面是沙漠，南面是海洋，北面的山区根本打不进去。

卢加尔·扎格西

卢加尔·扎格西是与萨尔贡同时代的苏美尔国王，一开始他只是乌玛国王，后来逐渐统一了苏美尔诸城邦，并在乌鲁克称王。此时是他统治的第25年，实力如日中天。因此，启什王位被一个阿卡德人篡夺是他无法容忍的，于是这位苏美尔王联合50位苏美尔王公组成了一支联军，亲征萨尔贡。面对这个新生的小国，卢加尔·扎格西似乎胜券在握。然而，他输了……

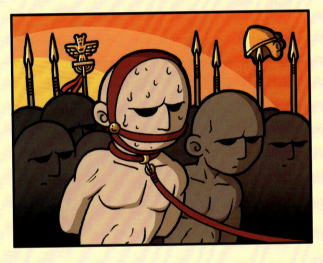

据说卢加尔·扎格西战败被俘，萨尔贡给他戴上了狗笼头，带到尼普尔（Nippur）城的恩利尔（Enlil）大门前。一代苏美尔之王就这样受辱身亡。

不知道阿卡德人具体是怎么打赢这场战斗的，如果是因为大规模使用弓箭手，那对远程火力贫弱的苏美尔军队来说的确是个灾难，特别是苏美尔的战车部队——想想那上千头近乎裸奔的野驴……

阿卡德人似乎不用战车作战，我们也的确没有找到阿卡德战车的形象，可能是因为阿卡德人认为战车太过昂贵，有这些费用还不如多养些常备军更划算。

阿卡德军旗

在纳拉姆·辛的记功碑上，士兵持两面军旗，其中一面损坏过于严重，模糊得无法辨认，另外一面看上去很像伊什塔尔（Ishtar）女神。伊什塔尔是阿卡德人代表战争与爱情的女神（人类永恒的主题），用她的形象作军旗是一种合理的推测。毕竟这可是传说中宠爱萨尔贡的女神呀！

阿卡德军队

阿卡德军队与苏美尔军队最大的不同就是有更多的常备军，据说萨尔贡有一支5400人的亲卫队。他自己就说过，每天有5400名士兵在他面前吃面包——这得是多大一个"食堂"啊！也就是说，在阿卡德帝国的首都，至少就有5400人的常备军。这比每个苏美尔城邦那六七百人的常备军可生猛多了！

阿卡德帝国在这140多年中，不断对外扩张、镇压叛乱、抵御外敌，战争从未间断。萨尔贡的两个儿子分别在位9年和15年，也相继被暗杀……（这个帝国也真够乱的。）

由于印章画面太小，看不清伊什塔尔背后插的是军旗还是武器，就当是武器吧。

伊什塔尔女神的彪悍和狮子站不起来又趴不下去的窘态，在这枚小小的印章上表现得淋漓尽致。

纳拉姆·辛

　　纳拉姆·辛是萨尔贡大王的孙子，公元前2254—前2218年在位，据说此公相当有战斗力，完全不输他爷爷，甚至还进行过海上远征，创造了阿卡德帝国的鼎盛时代，自称"世界四方之王"。他留下的一块记功碑目前收藏在卢浮宫。他在上面的造型极其拉风，头戴牛角装饰的青铜头盔，手持复合弓和一支箭，被众多士兵簇拥，脚下还踩踏着战败者的躯体。

头盔上还有阿卡德风格的发带和发髻装饰。

脚下的战败者脸部朝上，记功碑就是这么刻的……

伊什塔尔

　　美索不达米亚的神明们真是奔放，而且似乎都跟狮子过不去……这是公元前2200年左右一个滚筒印章上的伊什塔尔女神形象，动作一点都没改，就是这么彪悍！（都这么彪悍了，这种发色不过分吧？）

🗨 一些感言

　　有些学者说，不能完全相信古代艺术作品中的形象，这话有道理，但是在没有实物证据的时候，相信古代艺术作品中的形象是最靠谱的选择。因为对于美术工作者来说，按照实物描绘是最省事、最不费脑子的方式，不是每个人都喜欢随时随地开脑洞放飞"画笔"的，特别是古代制作壁画浮雕的工匠们。

古巴比伦

Ancient Babylon

古巴比伦
Ancient Babylon

　　古巴比伦，可以说是我们最耳熟能详的古文明之一，在四大文明古国中，古巴比伦代表的其实是整个美索不达米亚古文明。我们经常提到的古巴比伦辉煌灿烂的伟大成就大多集中在科学、艺术、法律等方面，那他们的军队是怎样的呢？

克沙克

拉尔拉克

苏撒

拉伽什

乌玛

乌鲁克

拉尔萨

乌尔

埃利都

古巴比伦王国

约公元前 1894—前 1595 年

古巴比伦王国是游牧民族阿摩利人（Amorites）建立的，他们也是闪族人的一支。这个有着300年国运、疆域不亚于阿卡德帝国的国家，历史上一定也少不了战争，但是相比其他方面的成就，古巴比伦王国的军队形象模糊不清，从仅有的一点资料推测，他们貌似与阿卡德帝国的军队很相似。

古巴比伦步兵

古巴比伦步兵有一种独特的头盔，看上去像是用绳子之类的材料做成；胸前有一小片青铜"护心镜"，并有盾牌护体。他们使用长矛、标枪、眼形战斧、镰刀剑、投掷棒和匕首等武器作战。总体上看，古巴比伦步兵与阿卡德步兵差别不大，外貌也一样，都是卷发、大胡子。后来的亚述步兵也是这样，就像是一群人换了不同的装备而已。

投掷棒

据说是阿摩利人的传统武器，步兵一般都会带一两根，也是很多游牧部落的传统武器。蒙古族使用的"布鲁"，其实也是一种投掷棒。

眼形战斧

因其有两个像眼睛的洞而得名。这个设计在公元前2000年左右的美索不达米亚出现。

用木制框架和皮革制成的盾牌，尺寸不大，但形状比较特别。

古巴比伦弓箭手

古巴比伦弓箭手一定也从阿卡德人那里继承了复合弓这种强大的武器，也许还做了一些改进，很有可能三角弓就是在这个阶段出现的。有研究称，古埃及人在使用复合弓的初期，曾大量进口复合弓。会不会有古巴比伦的复合弓流入过古埃及呢？

太阳神沙马什和金星女神伊什塔尔是一对双胞胎，他们是月神辛的儿女。

古巴比伦旗手

古巴比伦的神话体系继承自苏美尔和阿卡德，因此他们在军旗上同样会使用神圣动物、神明的形象，或者神明的标志，比如女神伊什塔尔的星形标志、太阳神沙马什的星形加太阳光辉的标志，还有月神辛的新月标志等。

辛的新月标志

沙马什的标志

伊什塔尔的星标志

汉谟拉比

这位赫赫有名的君主最为我们熟知的就是他制定的法典——《汉谟拉比法典》，法典被刻在一块几乎跟姚明一样高的黑色玄武岩石碑上。据说他精于内政，外交手腕超群，非常擅于利用结盟来达到战略目的。汉谟拉比是古巴比伦的第六代国王，在他刚继位之时，古巴比伦只不过是个包括周围几个城邦的小国，经过42年的不懈努力，在他去世时，古巴比伦已经是统一整个美索不达米亚的大帝国了。

这是《汉谟拉比法典》石碑顶部浮雕中的古巴比伦太阳神、同时也是真理、正义与治疗（管得真多……）之神沙马什，将象征法律的"测量杆与卷尺"交给了汉谟拉比。（意思是：公平，公平，公平呗！）

古巴比伦军官

军官的装备自然比普通士兵的要好，有防御力更强的青铜头盔，腹部和裆部增加了皮质护甲，并且有铜钉加强防御。还有投掷棒！传统嘛，带两根也不重，可以用来干扰敌人，或者教训不听话的士兵。

金属头盔的形状有越来越尖的趋势。

这种镰刀剑被称为"亚述镰刀剑"，公元前16世纪就已经流行于美索不达米亚平原地区，长度足有70—80厘米，据说它是镰刀剑里最长的一种，重量接近两公斤。

古巴比伦战车

古巴比伦人可能已经开始使用马代替驴拉战车了，至少在汉谟拉比统治时期，战车逐渐得到改进——双轮马拉战车开始出现，车轮带有辐条，车厢也更轻便了。因为在同一时期进入古埃及的喜克索斯人也带着类似的战车。

建立古巴比伦王国的阿摩利人本是游牧民族，又继承了苏美尔与阿卡德的军事传统，对使用战车应该并不陌生，不过在帝国末期，他们遇到了一个更擅长使用战车的对手——赫梯人。

马身上的挽具相比苏美尔时期的战车完善了很多。

早期两轮战车的车轮只有四根辐条，越往后辐条越多。

古巴比伦的覆灭

在汉谟拉比这位拥有超强能力的君主去世后，古巴比伦王国就开始逐渐衰落，领土面积一再缩小。

美索不达米亚平原"四面透风"，无险可守，完全是周边游牧民族和强大势力的冒险乐园。

约公元前1595年，兴起于小亚细亚半岛的赫梯人长驱直入美索不达米亚，攻陷并劫掠了古巴比伦城。古巴比伦王国就此灭亡。

赫梯人

古巴比伦城

公元前1595年

赫梯

Hittite

卡斯卡人

特洛伊

维鲁萨

萨皮努瓦   塔皮卡

沙姆瓦

哈图沙

萨里萨

阿希亚瓦

以弗所

阿尔萨瓦

卡尼斯

米利都

哈利卡那苏斯

科尼亚   塔尔汉塔萨

卢卡人

塔尔苏斯

阿勒颇

乌加里特

塞浦路斯

毕布勒   卡迭石

西顿   大马士革

推罗

地中海

耶路撒冷

黑海

开密什

哈兰

泰德穆里

赫梯帝国（约公元前 1300 年）

赫梯
Hittite

　　赫梯人，古印欧人的一支，公元前 20 世纪前后迁入小亚细亚中部，后逐渐崛起为青铜时代中后期的强大帝国。

　　赫梯的开局绝对是选了"地狱难度"，周围都是想"趁你病要你命"的强大邻居，就连北方山里的"蛮子"，也能时不时南下威胁其首都。所以赫梯人必须不停地战斗才能生存下去，必须不停地征服才能强大起来。

　　尽管如此，赫梯人还是建立了一个军事强大、宗教包容、技术先进的富有活力的帝国；是最早发明冶铁术和使用铁器的国家；最早编纂法律、发展文学和建立图书馆的国家之一，拥有当时最先进的法制体系；是古代东方文明与西方文明的纽带。

赫梯人是勇猛的战士，虽然他们因为发型和剃光光的下巴被拉美西斯二世蔑称为"女兵"，但不可否认，正是拉美西斯没有放在眼里的这伙赫梯士兵，在卡迭石差点就要了他的命。灭古巴比伦，灭米坦尼（Mitanni），硬磕古埃及、亚述……很明显，这伙"耿直大哥"打起仗来是相当彪悍的。

赫梯步兵

赫梯步兵一般只穿一件长袍，配有金属或皮质头盔，还装备一面矩形盾牌，通常能护住整个躯干。赫梯周边多变而崎岖的地形让赫梯人必须轻装上阵。

中型长矛，大约 1.8—2.4 米长，方便戳刺和投掷，步兵和战车兵通用。

赫梯人的发型

赫梯人与苏美尔人、闪族人都不一样，他们走的是蓄发不蓄须的"中间路线"。

青铜头盔带有皮质护颊和护颈，长发等于多了一层衬垫，戴起来应该挺舒适。

由于安纳托利亚多山，地形崎岖，所以赫梯士兵通常都装备有质地良好的皮靴。

近战武器

　　由于赫梯地处各文明环绕的中间地带，它的武器装备形制明显受多方影响，比如爱琴海风格、美索不达米亚风格，甚至古埃及风格。虽然赫梯人最早发明了冶铁技术，但这一时期的冶铁技术还不成熟，不适合制造武器，铁的产量也极其有限，所以大量配发军队的武器还是技术成熟的青铜武器。

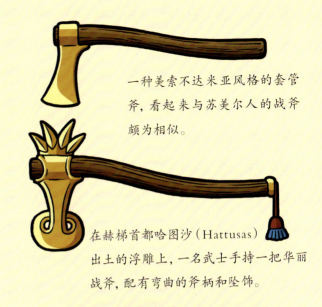

一种美索不达米亚风格的套管斧，看起来与苏美尔人的战斧颇为相似。

在赫梯首都哈图沙（Hattusas）出土的浮雕上，一名武士手持一把华丽战斧，配有弯曲的斧柄和坠饰。

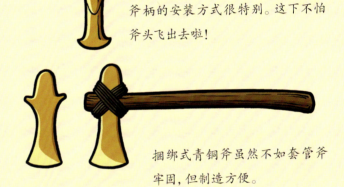

一种被称为青铜凿斧的有趣武器，斧柄的安装方式很特别。这下不怕斧头飞出去啦！

捆绑式青铜斧虽然不如套管斧牢固，但制造方便。

爱琴海风格的直身长剑和匕首。据说穆尔西里二世（Mursili Ⅱ）曾经征服米利都（Miletus）这座迈锡尼人的殖民城市，因此与迈锡尼文明的交流应该也影响了赫梯武器的发展。

在哈图沙东北雅兹勒卡亚（Yazilikaya）岩石圣域中的一处浮雕上，12位排队行进的冥府之神都拿着这种弯刀。（赫梯不愧为"千神之国"，冥府之神都有一打之多……）

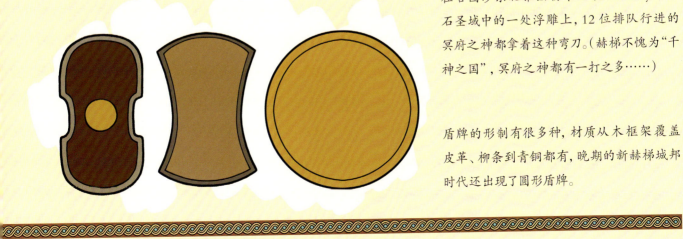

盾牌的形制有很多种，材质从木框架覆盖皮革、柳条到青铜都有，晚期的新赫梯城邦时代还出现了圆形盾牌。

赫梯旗手与号手

历史上有很多国家都用双头鹰作为国徽：拜占庭帝国、神圣罗马帝国、俄罗斯帝国……以及他们的后继者们。而第一个用双头鹰徽的国家是赫梯帝国。

据说，有翼的太阳圆盘是赫梯皇室的象征，意为"我的太阳"。从非常古老的时代开始，有翼的太阳盘就在世界各地的许多文化中出现，是最古老的宗教和太阳象征之一。

双头鹰被赫梯人拜为天堂之王，还被称为赫梯的太阳之鸟，是赫梯军事力量的象征。而在后来的拜占庭帝国，双头鹰徽象征着拜占庭皇帝在东西方的统治地位，不知赫梯的双头鹰是否也有此意。不过，地跨东西自然也就有东西两边的敌人。公元前1180年前后，在海上民族的移民浪潮中，赫梯帝国终于没顶住来自各个方向的压力，彻底崩溃了。安纳托拉亚东南部和叙利亚北部残存的赫梯城邦国家一直延续到公元前8世纪末，最终被亚述帝国吞并。

双头鹰军旗

赫梯人对宗教非常包容，有神就拜，都请进"赫梯万神殿"。在叙利亚北部的一个赫梯城邦曾使用古巴比伦月神辛的新月标志作为军旗，并且刻在了界碑上。

赫梯弓箭手

　　赫梯弓箭手留下的形象非常少，而且大多数都在狩猎，持有弓箭的士兵往往被表现为挎弓持矛、腰横利刃的全能勇士造型，也有国王拿着弓箭的形象，说明射箭这项技能在赫梯还是很受重视的。赫梯军队或许不像古埃及人那样依赖密集的弓箭方阵作战，这可能跟周边多山的环境有关，他们更多负责的是支援步兵近距离作战。另外，赫梯弓箭手的发型应该没有赫梯步兵那么狂野，否则射起箭来会很碍事儿。

　　赫梯帝国从崛起之初就对叙利亚和美索不达米亚进行过征服战。可以肯定，他们很早就用上了复合弓这种先进武器，并且也装备给战车部队使用。在赫梯军队中，有很大一部分人是来自附庸国家的雇佣军，西到爱琴海边的维鲁萨（Wilusa，位于著名城邦特洛伊附近），东到幼发拉底河畔的叙利亚，因此肯定会有各式各样的弓箭手。

赫梯人的青铜箭头有很多都带有倒钩，从造型上看，大多是双刃的铸造箭头，箭杆材料除了木头，也会使用芦苇。

公元前 8 世纪，新赫梯王国时期的三角弓复合弓。

赫梯皇家守卫

　　国王身边的精锐部队，负责24小时保护国王安全，其首领一般由国王的兄弟担任（怪不得好多赫梯国王都是被暗杀的呢……）。据说，其中有12个绝世高手与国王形影不离，被称为"Men of the Golden Spear"，怎么翻译好呢？金枪人？金枪客？据说他们都手持金色长矛，而且个个都是经过严格筛选、对国王绝对忠诚之人。

　　皇家守卫其实就是国王的私人保镖，相比厚重的护甲，他们的武器装备轻便且丰富，更适合应对多变的情况。

公元前9世纪，新赫梯城邦时期皇家守卫的形象。

很多赫梯浮雕上的神明或者国王都会做出这种手势，可能是"致敬"之意。

有钩的刀鞘里不一定都是弯刀，也可能是为了钩住皮带，方便单手拔剑。

左图这个形象来自一尊著名的赫梯浮雕，发现于哈图沙遗址国王门的内侧，据考证是公元前13世纪末的作品。虽然相隔几百年，但是他的着装与左页皇家守卫的装束非常相似，所以，很有可能也是一个皇家守卫的形象。

一般认为这是一个武士神，但也可能就是一个赫梯精英武士的形象，因为赫梯的神一般都戴着特别高的尖帽子。想象一下，山壁上刻着12位头戴大尖帽子的阴间神灵排队前行，那画面得多恐怖……

右图源自赫梯的岩壁浮雕。从图中人物的动作来看，风暴神之子沙鲁马（掌管生、死和重生的神）与其怀中的赫梯国王图达里亚四世（TudhaliyaⅣ）关系相当亲密。（不过这个握着右手的姿势怎么总让人想起吉尔伽美什臂弯里那只可怜的狮子……）

赫梯军官

赫梯军队的高级指挥官一般由王室成员和贵族担任，基层军官通常从常备军的职业军人里选拔。帝国的常备军是赫梯军队的核心力量。他们住在军营里，随时待命，然而战争是季节性活动，一般发生在春季到初秋这段时间，"淡季"的时候，常备军士兵会被安排一些有偿的工作，比如建设和维护道路、公共建筑和国防工程，以及维持治安活动。

图达里亚之剑

1991年，在哈图沙的国王门附近出土了一把青铜长剑。剑柄已经没有了，剑身长79厘米，重680克，更为珍贵的是在剑身左侧刻有楔形文字铭文，记录了公元前14世纪早期图达里亚四世战胜了西方一个叫阿苏瓦（Assuwa）的国家："当伟大的国王图达里亚粉碎了阿苏瓦，他把这剑献给了风暴之神，他的主人。"

"赫梯铁剑"

在德国的埃森-鲁尔区博物馆，藏有一把锈迹斑斑的铁剑，据称是赫梯时期的铁制武器，年代为公元前1400—前1200年之间。这把剑有一个青铜剑柄，整个剑身相对完整，看上去很有气势。但据说这把剑没有任何出土信息，是从一个艺术品市场买来的。

注：本页中两把剑表现的是其原有的颜色。

穆瓦塔里二世

最广为人知的赫梯国王应该是这位穆瓦塔里二世（Muwatalli Ⅱ）了。他因为与拉美西斯二世会战于卡迭石而闻名。相比刚继位没几年的年轻法老，穆瓦塔里已经是在位20多年的"老油条"了。不管拉美西斯回国后在神庙墙上如何吹嘘，他在卡迭石的确是被穆瓦塔里结结实实地阴了一把，还险些丧命。虽然战场上未分胜负，但拉美西斯没达到他的战略目的，无功而返。只可惜天不假年，穆瓦塔里在卡迭石之战两年之后就去世了，独留拉美西斯又肆无忌惮地吹嘘了几十年。

名为 lituus 的国王权杖

赫梯国王不仅是最高统治者，还是司法权威，兼大祭司和军队统帅于一身。他们并不是只懂得依赖武力的莽夫，在最初的军事征服之后，他们会利用条约使被征服的国家成为自己的附庸。通过众多的附庸国，赫梯人组建了一个强大的帝国。小弟们每年交保护费，你有事大哥罩着你，大哥有事，你得出兵出粮跟大哥去打仗。大哥懂法律，这就很厉害了……

穆瓦塔里二世长这样？

这个在网上很流行的形象其实是错误的——赫梯帝国时期的国王不留胡子。这个错误的形象来自公元前 8 世纪赫梯伊夫里兹（Ivriz）城的一处浮雕，描绘的是图瓦纳（Tuwana）国王沃帕拉瓦斯（Warpalawas）。这一时期的新赫梯城邦已经深受亚述的影响了。

赫梯帝国战车

在公元前1600年左右，赫梯引进了马匹，开始使用战车作战，这可能是赫梯突然崛起，并且攻灭古巴比伦的一个原因。从此，战车成为赫梯军队的进攻主力。

对赫梯战车最初的描绘可能来自古埃及浮雕。与古埃及的双人战车不同，赫梯人有时会往战车里塞三位大汉。

赫梯三人战车显然是为冲击作战准备的，距离远的时候用弓箭射击，近了就用长矛击杀，一副一往无前的架势。它们很可能是最早的"步兵战车"，或者可以说是搭载步兵的"坦克"。其中持盾的士兵可以随时转换成步兵身份，下车作战，扮演类似古埃及军队战车跑者一类的角色，

或者配合战车进攻，突破敌阵。每辆战车多带一名步兵，3000辆战车就多带了3000名步兵！

赫梯版战车跑者待遇不错，还有顺风车可以搭，古埃及的战车就算能承受三个人的重量，那么窄小的车厢也塞不进去，就算能塞进去也会严重妨碍弓箭手射箭。（关于战车跑者可参见第24页。）

赫梯的战车士兵装备精良，配青铜头盔和长款青铜鳞甲，即使战车倾覆，幸存的士兵也可以作为重装步兵继续攻击敌人！

战车士兵

战车驭手

搭载步兵

赫梯战车的车轴位于车体中间，以增加承重力，还可以减轻战车给马的压力，但同时也降低了战车的稳定性与机动性。

据说赫梯这种三人战车的车厢由木板制成，宽约1.25米，深约1米，高略低于1米，比古埃及战车车厢大了一倍多，站三个人完全没问题。

赫梯的青铜鳞甲据说是从米坦尼人那里借鉴来的，防御效果不错，貌似可以挡住单体木弓射出的箭，但肯定扛不住复合弓和标枪。

驯马手册

一部赫梯帝国时期的驯马手册被幸运地保存下来，据说这是一个叫基库里（Kikkuli）的米坦尼战俘写的，里面记录了战车马匹214天的训练过程，其中很多术语含义不明，但可以确定的是内容包括训练马匹的奔跑速度、力量、对命令的反应速度，尤其是耐力，其中甚至还包含32天夜间训练。在训练开始前，赫梯人会先对马进行严格挑选，只有最强壮、最适合的马才能接受训练。驯马不仅是为了提高马的耐力和持久力，也是为了提高它们在战斗中的速度和机动性。

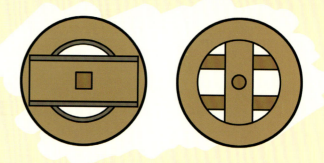

从这些出现在浮雕和陶器上的车轮可以看出赫梯战车的发展历程。

训人

弓箭技能是赫梯战车士兵最重要的训练科目，其训练内容远不止学习如何射箭，还包括如何锐化箭头、箭在飞行时的空气动力学，以及如何正确使用和保养复合弓等。在训练计划结束后，战车士兵要在国王面前展示他们的训练成果。据说，击中指定目标的士兵会被奖励一杯酒，而那些没有击中的人可能会被罚喝尿，并且在战友面前裸奔……

在新赫梯城邦的战车画面中，马蹄下常有一个中箭的可怜人。

弓箭、长矛、标枪，再加上士兵可能随身携带的匕首、短剑或战斧，能看出来赫梯战车更适应多种作战的需要。

新赫梯城邦战车

这一时期有不少浮雕表现战车的形象，通常都是双人战车，车厢明显小了不少，车轮貌似也小了，驭手最显著的变化是增加了马鞭，而士兵都使用弓箭作战，车厢配有备用长矛和箭袋。缩小的车厢轻巧了不少，有的还加装了金属圆盘作为防护。战车乘员和战马大多没有装备护甲，战马头上加装有和皇家守卫头盔类似的顶饰。

但最令人疑惑的是，为什么无一例外都只有一匹马拉车？赫梯战车非要人比马多吗？就算能拉得动，这个动力能达到作战需求吗？但没办法，人家就是这么表现的。

鉴于赫梯美术工作者一贯的"灵魂画风"，

这很有可能是偷懒偷成的风格——反正都是侧面像，只表现一匹马，另一匹不管了。相比之下，古埃及的美术工作者都会老老实实地表现马匹数量，两匹马就是两匹马，两个脑袋八条腿。

另外，鉴于这一时期赫梯城邦深受亚述文化影响（甚至浮雕上都有了留胡子的形象），一匹马这个事儿也可能是受亚述的影响，亚述人就这么干过。但是亚述也有"老实"的时候，甚至三匹马都分别表现了。

总之，赫梯这群"耿直大哥"在艺术创作上确实不太给力，以至于人们刚看到新赫梯城邦战车浮雕的时候，还以为是找到了赫梯早期的战车。

vs

卡迭石之战

Battle of Kadesh

黑海

维鲁萨

塞哈河之地　　皮塔萨

哈图沙

赫梯

塔尔汉塔萨

卡开密什

米坦尼

阿勒颇

乌加里特

塞浦路斯

苏木尔

卡迭石

地中海

毕布勒

西顿

大马士革

叙利亚

推罗

迦南

美吉多

加沙

培尔·拉美西斯

西勒

埃

及

赫利奥波利斯

孟菲斯

红海

底比斯

拉美西斯二世

穆瓦塔里二世

亚述

卡迭石之战
Battle of Kadesh

公元前1274年，古埃及和赫梯都正值鼎盛时期。为了争夺叙利亚的霸权，两国之间在近百年的时间里一直摩擦不断。这一次，两位国王都御驾亲征，倾国而来。卡迭石之战由此成为3000多年前两个超级大国间的终极对决，这也是人类历史上第一场有详细记录的战役。

战争起因

在古埃及与赫梯势力接壤的地区有一个叫阿穆鲁（Amuru）的小国，它原本是赫梯的附庸国。约公元前1275年，这个小国突然倒向古埃及一方。赫梯国王决定收复阿穆鲁，而古埃及要保护新附庸，于是，双方都想通过一场决战来彻底解决这一地区的归属问题，进而控制整个叙利亚。

卡迭石城控制着通往叙利亚北部的交通要道，地理位置极其重要，是双方反复争夺的焦点。拉美西斯二世的父亲塞提一世曾经夺取过该城，但不久后又被赫梯夺回去了。为了争夺这一地区，约公元前1274年春，两国军队开始向卡迭石进发。

在路上——古埃及军队

古埃及方面，此时正是拉美西斯二世在位的第五年，这位年轻的法老野心勃勃，想要恢复古埃及帝国在图特摩斯三世时期的荣光。约公元前1274年4月，拉美西斯二世率领大军，从位于尼罗河三角洲东部的新都——"培尔·拉美西斯"启程，向卡迭石进发！

这段大约800公里的行程花去了近40天的时间，平均每天行军20—24公里，这是古埃及大部队的正常行军速度。是不是感觉很慢？要解释这个问题，就要从古埃及军队的构成说起。

此次跟随拉美西斯出征的古埃及军队由四个军团组成，每个军团有5000人，各配备500辆战车，每辆战车配两匹战马，也就是说，这支军队至少有两万人、4000匹战马。这些兵马所需要的食物、资材、武器、帐篷、战车备件、战马饲料等物资，至少需要几千头驴、骡子和牛来驮运。要知道，队伍的行进速度取决于走得最慢的那个——牛车，每小时也就走三公里多一点，比人的步行速度还要慢一些，跟这些大家伙着急也没有用。不过，在必要的时候，这些牲口除了驮运物资之外，也可以被当作"移动的食物"。

让战车帮忙运点物资？拜托，战车可金贵着呢！在战场上可是要用它来拼命的。长途行军之后本来就不容易保持最佳状态，还要拿来运物资？！简直是暴殄天物啊！另外，古埃及战车那种一个人就能扛走的轻盈"小身板儿"哪是载货的材料啊！

在众多的物资中，消耗品显然占了大头儿，比如粮食和饮用水。据说，每个士兵每天需要1500克面包和5升左右的水，这对补给造成了很大的压力。在穿越迦南的途中，行军沿线的附庸国还可以提供补给，一旦离开了古埃及控制的区域，军队就只能依靠自带的粮食了。而这部分食物是优先供给军官的，底层士兵经常得不到足

中亚野驴肩高约120厘米，重约290公斤，适合驮运食物之类的小件物资。

备用箭是非常重要的武备物资，带得越多越好！

够的供给，只能忍饥挨饿。关于这一点，很多现存的纸莎草纸记录中都有所提及。所以，古埃及的几个军团不是同时行进的，而是彼此间隔一天，并且不在同一条路线上——因为同一条行军沿线所能找的食物基本都被前面的军团吃光了。

这个步兵连或许可以叫作……嗯……"很有精神的鳄鱼"。

还有备用箭，这个东西是带得越多越好，以古埃及军队的习惯，更是如此，因为古埃及军队的主要攻击手段就是射箭。在两万名士兵当中，至少有5000名弓箭手，每名弓箭手随身携带的箭筒装着30支箭，这伙人仅随身的箭就有15万支，如果再给每个人准备十个箭筒的备用箭，那就是150万支箭！单单运送这些箭就需要100多辆牛车。在一支主要靠弓箭射杀敌人的军队里，这是最起码的储备物资。

总而言之，这支庞大的队伍经过一个多月的跋涉，终于来到卡迭石附近，据说此时由于伤病，已经减损了大约17%的人员。不管数据是否真实，都足见行军的艰苦，士兵们亟需休整，去面对接下来的战斗。

牛车适合运输帐篷之类较大、较重的物资。

赫梯部队的来源

古埃及人声称，赫梯人纠集了19国盟军（也不知道他们是怎么算的），这里列举一些主要部队的来源：

哈图西里： 穆瓦塔里二世的弟弟，奉命坐镇旧都哈图沙，经营帝国北方。

卡开密什（Carchemish）： 赫梯在叙利亚的行省。

乌加里特（Ugarit）： 叙利亚港口城市。

皮塔萨（Pitassa）： 安纳托利亚中部地区。

塞哈河地（Seha River Land）： 安纳托利亚西端爱琴海岸。

阿勒颇： 叙利亚城市。

米坦尼： 叙利亚附庸国。

维鲁萨： 特洛伊附近地区。

另外，赫梯军队可能还会有一些雇佣军，据古埃及人称数量很多。拉美西斯二世讽刺说："可怜的穆瓦塔里为了带这些人来打仗，散尽家财！"（拉美西斯的小怪话可真多……）不过，能查到的赫梯文献里并没有提及这些雇佣军。

还有，不排除一些部队为了战利品参战——跟穆瓦塔里大哥来打仗，灭了古埃及人大赚一票！而战事之后的发展也印证了这种猜测。

装得下呀？！古埃及那"一人抬"的战车都没敢这么操作。

赫梯军队的补给也可以通过沿途附庸国进行补充，各地前来参战的部队也都会自带口粮，而且他们还有一个古埃及人没有的优势，那就是卡迭石城本身就在赫梯的势力范围内，也就是说，旅途的终点是有人"款待"的。

为了避开白天的高温，赫梯军队还会进行夜间行军。在前面专门讲赫梯时，我们说到，赫梯战车部队的战马都有夜间训练科目。从后来的结果看，赫梯人为了更早到达卡迭石，一度昼夜兼程确实是有可能的。

赫梯军队的构成

赫梯军队有没有军团建制不太清楚，不过可以肯定，它是众多部队组成的联军。赫梯帝国地处安纳托利亚中部，强邻环伺，不像古埃及能躲在一个角落，只要守住东北方的亚洲入口就可以安心发展；并且，连年的征战使赫梯人经常面临人口资源不足的局面，所以赫梯人每当有重大军事行动，都会召集附庸国的军队前来助战，不管能不能派上用场，起码可以壮壮声势，这也许就是赫梯军队规模这么大的原因。另外，赫梯军队这样做还有一个隐藏的动机——这些附庸国军队以及统兵而来的王公贵族，实际上也是人质，因为这样一来，在赫梯人倾国远征的时候，他们就不敢在背后有什么小动作了。

赫梯人也没有那么"土豪"，不是所有士兵都装备青铜头盔，也有戴皮质头盔或者不戴头盔的。

古埃及四大军团的标志

阿蒙（Amun）：太阳和空气之神，底比斯城的守护神。在新王国时期，他被认为是古埃及最强大的神，其他神甚至被认为只是阿蒙的一个侧面。

拉（Ra）：伟大的赫利奥波利斯太阳神，其崇拜者遍及古埃及，是古埃及最重要、最受欢迎的神之一。

赛特（Set）：战争、混乱、风暴和瘟疫之神。他被形容成一个凶暴的神，形象是土豚头人身。

普塔（Ptah）：古埃及最古老的神之一，孟菲斯的主神，世界的创造者，真理之主，后来演变成工匠与艺术家的保护者，形象被描绘成一个木乃伊。

古埃及军队的构成

这次出征的古埃及军队一共有四支军团和一支被称为"Ne'arin"的特遣队。据推测，这支特遣队是迦南的佣兵部队，也有可能是古埃及本土部队，还有人推测它其实就是四支军团中的普塔军团。不管怎样，这支部队在战役中发挥了关键作用。

这个我们之后再说，先来介绍下四支古埃及军团，分别是"阿蒙""拉""赛特""普塔"，都是以征召地区主神的名字命名的。每个军团有5000人，其中步兵4000人，战车兵1000人，配备500辆战车。

一支军团的4000名步兵被组织成20个连队，每个连队有200—250人不等。各个军团通过各自独特的军旗来建立凝聚力与团队精神。其中许多新王国时期连队的名字被保留下来，大多都早于拉美西斯二世时期，比如"努比亚的公牛""阿吞的闪光""徘徊

盾牌是很重的，能挂在牛车上携带，真是太好了！

据说此次远征，拉美西斯还带上了很多王室成员，其中包括他的四个儿子，此时作为法老的拉美西斯大约只有 29 岁……但是他心真够大的，万一战败岂不是被连锅端了？或许拉美西斯想到了少年时随父亲一起夺取卡迭石的荣耀时刻，所以也想让王子们体验一下吧。

的狮子""叙利亚的毁灭者""昭示正义""阿吞的光辉"，等等。(嗯，脑洞真是不小，有些比较具象，可以想象出军旗的样子，有些真是太抽象了。)

在每个连队中，士兵被进一步分成50人一个单位。在战斗中，连队和连队组成方阵，有经验的士兵站在前排，新兵和后备役士兵在后排。

在拉美西斯的军队中有许多外国士兵，他们保持着自己的身份，或者在陆军部队中服役，或

者与古埃及本土正规军一起作为后备部队服役。努比亚人、利比亚人、迦南人和施尔登人的连队与古埃及人一起服役，尽管常被称为"雇佣兵"，但实际上这些人更像是囚犯，他们宁愿在法老的军队里当士兵，也不愿去当奴隶。

古埃及军队的主力是步兵，而不是战车，因为古埃及的本土人口总是比敌人多，充足的人口资源是古埃及军事力量的支柱。尽管战车的出现赋予了军队更具机动性、更高效的打击能力，但即使在古埃及军事力量的巅峰时期，军队仍然是围绕着各军团的步兵连建立的，而战车主要用于消灭敌方战车和引导步兵进攻。

战车速度再快也得和大部队一起慢慢向前挪动，保持良好状态，随时准备战斗！

在路上——赫梯军队

赫梯方面，此时是穆瓦塔里二世在位的第21年，赫梯帝国正值鼎盛，势力范围向西已经延伸到了爱琴海沿岸，向东早已深入叙利亚。也许是为了更好地经营叙利亚，雄心勃勃的穆瓦塔里二世把首都迁到了南部的塔尔汉塔萨（Tarhuntassa），那里交通更便利，距离叙利亚也更近。

赫梯人集结的时间可能比古埃及人要早，因为赫梯军队里有来自各个附庸国的部队，有的甚至远在安纳托利亚（Anatolia）半岛西端的爱琴海沿岸，比如特洛伊附近的维鲁萨地区。

安纳托利亚多山，地形崎岖，早晚温差大，赫梯人的行军过程可能比古埃及人更艰苦，因此赫梯士兵普遍装备了长袍和皮靴。

拉美西斯二世的碑文上说，赫梯军队有47500人、3500辆战车，这当然很可能是在夸大敌人的数量，但也不是不可能的。这个规模比古埃及军队的两倍还多，除了众多附庸国的军队，还有离卡迭石很近的叙利亚城邦的军队，他们可能是分散行军，在约定地点集结，比如卡迭石以北200公里的阿勒颇（Aleppo）。

不管怎么说，这支军队的主力还是赫梯人，长长的行军队伍里一定也是骡马成群，牛车排到天际，运载着无数的物资补给慢慢前行。

有一种观点称，赫梯人在行军时，战车是装在牛车上运输的，这是为了避免长途行军给战车造成磨损。到了作战地区，再将战车投入使用，以保证战车在最佳状态下进行战斗。

听着貌似很有道理，不过仔细想想，这种操作不太现实。先不说赫梯战车这个重量，单就是3500辆战车，这得多少辆牛车才能

为了突出赫梯战车的特征，此处画了三名乘员。其实在行军时可能只有两个人，额外添加的步兵应该是在开战时才上车的。

总之，可能是因为之前在卡迭石吃过亏（被拉美西斯二世的父亲塞提一世打败），这次穆瓦塔里二世竭尽全力，召集了一支赫梯历史上最庞大的军队，并且针对古埃及人，改进了战车的战术，决心要给古埃及人好看。

赫梯军队战无不胜？

有人认为赫梯军队大量装备铁制武器，完全碾压古埃及人。在这些人的脑海中，手持铁制武器的赫梯人俨然成了青铜时代的绝地武士，"激光剑"所向披靡。

但这纯属胡扯！赫梯人自己都没敢这么吹牛。事实上，赫梯人的确掌握了冶铁技术，但还不成熟，铁制武器即使做出来可能还不如青铜武器好用，而且铁的产量很少，不可能大量装备部队。当时的铁制武器可能更像一种技术展示，而非实用兵器。战场上，赫梯人使用的依然是青铜武器。还有，不要忘了，人家古埃及人可是用弓箭出来混的——能杀死敌人的武器就是好武器，能远程解决的，绝对不贴身肉搏！

Weng~

敌在卡迭石！前进！！

要真是这种情况，估计第二年拉美西斯就得退到努比亚山区打游击了……

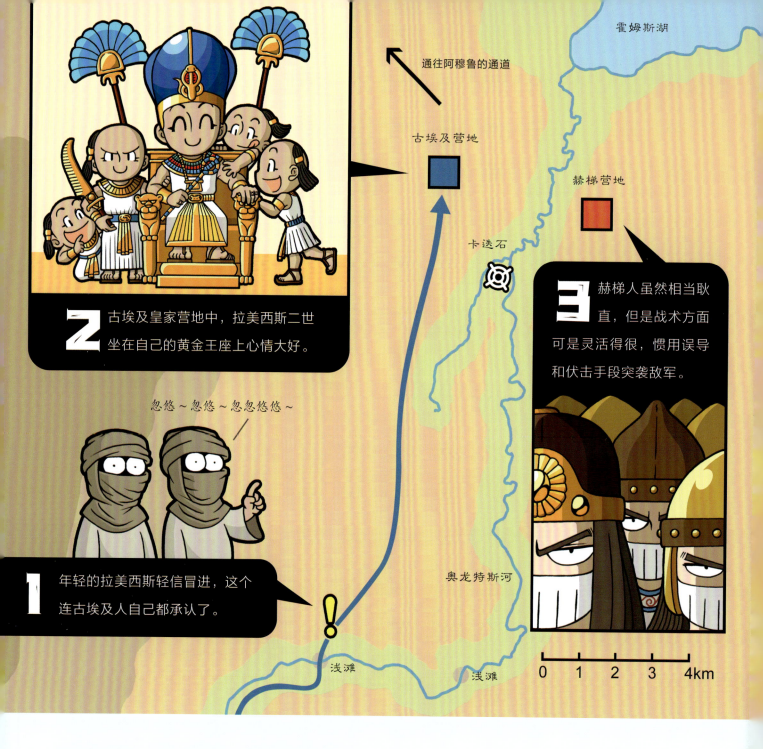

抵达战场（拉美西斯"导演剪辑版"）

拉美西斯二世率领阿蒙军团刚过了奥龙特斯（Orontes）河，就遇到两个沙苏游牧民。法老向他们询问赫梯人在哪里，他们报告说，穆瓦塔里因为害怕法老的神威，没敢接近卡迭石，目前还在北方200公里外的阿勒颇。

年轻的法老大喜，催促军队加速前进，在卡迭石城西北建立营地，这里既靠近水源又能扼守住通往阿穆鲁的道路。拉美西斯准备在这里休整并集结军队，等待赫梯人的到来。

然而，赫梯人就隐藏在河对岸仅四公里外的卡迭石老城背后。事实上，穆瓦塔里不但先到了，还给拉美西斯下了个套儿。

他们比河岸的沙子还要多，全副武装，
在卡迭石老城后面随时准备作战。

霍姆斯湖

古埃及营地在
紧张的戒备中
度过了一夜。

卡迭石

4 当天晚上，古埃及巡逻队在营地附近抓获了
两名赫梯侦察兵。一开始他们不肯说话，经
过严刑拷打后，被拖到拉美西斯面前，这才说出令
法老震惊的实情。

0 —— 1km

5 拉美西斯二世连夜派出信使骑兵，赶往南方和阿穆鲁方
向，催促其他军团加速赶往阿蒙军团营地与他会合。

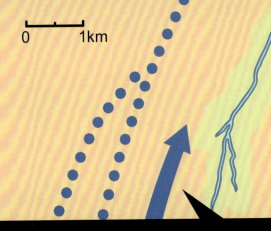

6 很显然，赫梯人并非只派
了两名侦察兵。第二天清
晨，一支大型赫梯战车部队出发，
向西南方移动，准备渡过奥龙特斯
河，对古埃及营地进行武装侦察。

开打！

赫梯的战车部队可能是利用了浅滩的优势，他们借助两岸树丛的掩护，快速渡过奥龙特斯河及其西部支流，完全没有被发现。当他们冲出树丛加速狂奔时，惊喜地发现前方就有一个古埃及的行军队列。赫梯人二话不说，冲上去就打！

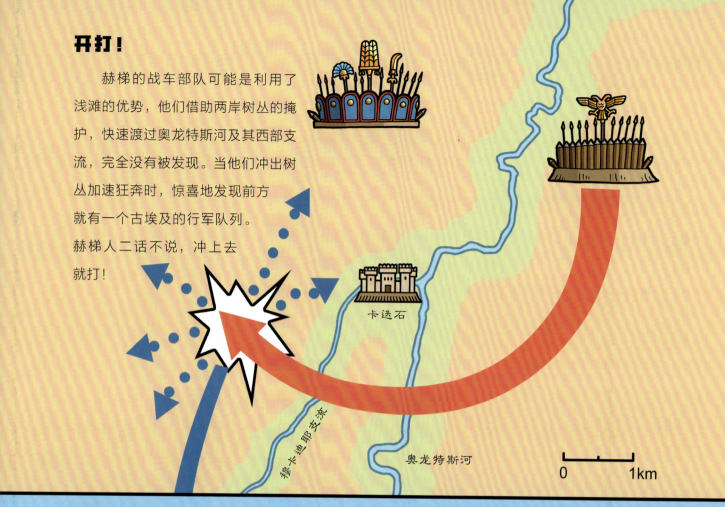

卡达石

穆卡迪耶支流

奥龙特斯河

0　　1km

7 拉军团的士兵们肯定是大半夜被叫醒的，收拾起刚扎好没多久的营地，开始向阿蒙军团营地疾行。他们排着队列唱着歌，毫无防备，突然就被不知从哪儿冒出来的赫梯战车部队给冲散了。

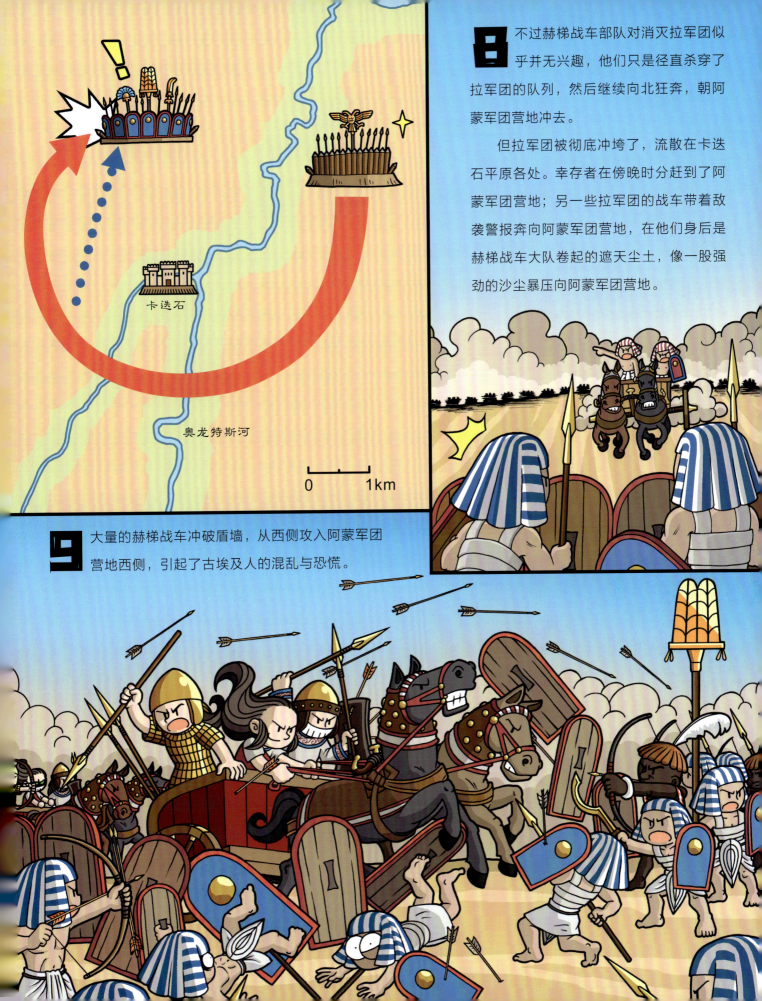

8 不过赫梯战车部队对消灭拉军团似乎并无兴趣，他们只是径直杀穿了拉军团的队列，然后继续向北狂奔，朝阿蒙军团营地冲去。

但拉军团被彻底冲垮了，流散在卡迭石平原各处。幸存者在傍晚时分赶到了阿蒙军团营地；另一些拉军团的战车带着敌袭警报奔向阿蒙军团营地，在他们身后是赫梯战车大队卷起的遮天尘土，像一股强劲的沙尘暴压向阿蒙军团营地。

卡迭石

奥龙特斯河

0   1km

9 大量的赫梯战车冲破盾墙，从西侧攻入阿蒙军团营地西侧，引起了古埃及人的混乱与恐慌。

12 在绝境之中，拉美西斯爆发出惊人的战斗力，利用古埃及战车的高速机动与复合弓强大的威力，向已略显疲态的赫梯战车部队发起了猛烈进攻。

11 此时，在营地东侧的古埃及皇家营地，拉美西斯留下一支卫队防守，严令皇室成员不得去营地西侧，自己带着战车部队出发，反击赫梯人。

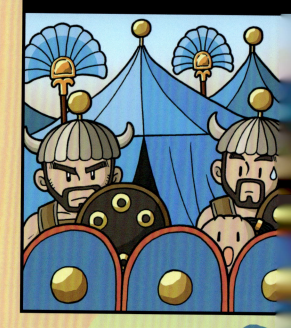

10 由于受到古埃及营地里营帐和物资的阻碍，赫梯战车的冲击力大减，加上很多赫梯人认为敌人已经被击败，就开始劫掠营地中的财物，使得赫梯战车部队进一步丧失了速度与冲击力。这时候，古埃及人逐渐稳住了阵脚，开始反击。

卡迭石　　　　奥龙特斯河

14 在河对岸有利地势观战的穆瓦塔里看到第一波攻击失利后，为了转移古埃及人的注意力，减轻撤退战车部队的压力，他派出另一支约有1000辆战车的部队，渡过奥龙特斯河，攻击古埃及人的营地。据说在第二波攻击的部队中有国王的随从，以及不少赫梯与同盟国的王公贵族，看来是仓促拼凑的。

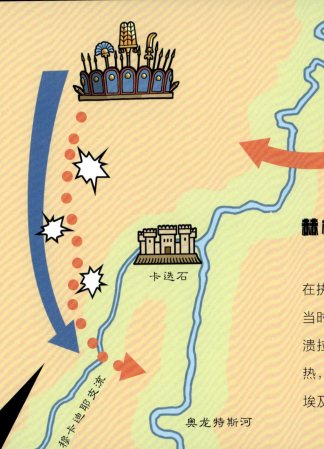

卡迭石

穆卡迪耶支流

奥龙特斯河

0   1km

赫梯人的第一道攻击波

冲进古埃及营地的赫梯战车部队应该是在执行一次大型战斗侦察任务，目的是探明当时古埃及人的实力。一开始非常顺利，击溃拉军团更是意外的收获，于是他们头脑一热，借势冲进了阿蒙军团的营地，打算把古埃及人直接一网打尽，结果没想到……

13 深陷阿蒙军团营地的赫梯战车部队一片混乱，不少人被扯住长发、拽下战车杀死，同时又遭到拉美西斯率领的古埃及战车部队的攻击，逐渐支撑不住的赫梯人催促已经疲惫不堪的战马，以最快的速度向南撤退。拉美西斯穷追不舍，射杀了很多赫梯人，直到他们退到穆卡迪耶支流（Al-Mukadiyah）对岸。

15 发起第二波攻击的赫梯人艰难地渡过奥龙特斯河，向古埃及营地东侧进攻。从阿穆鲁赶来的古埃及援军——"Ne'arin"特遣队自西北方向抵达战场，并立即对赫梯人发动了进攻。随后，回援营地的拉美西斯也从南面赶了过来。双方对赫梯人形成了夹击之势。

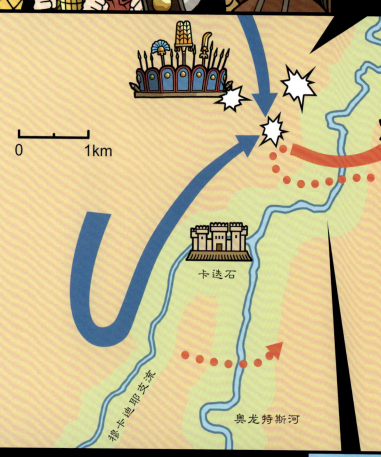

卡迭石

穆卡迪耶支流

奥龙特斯河

早不如巧！

"Ne'arin"特遣队无疑是拉美西斯的救星。他们的突然出现让赫梯人大为吃惊——赫梯人完全不知道还有这样一支部队。急行军一般赶来的"Ne'arin"特遣队肯定都是战车部队，加上从南方携余威而来的拉美西斯，情势对赫梯人很不利。

16 赫梯人的第二波攻击很快被击退了，幸存的人逃到河边，不顾一切地冲进水中，游向对岸。古埃及人后来嘲笑他们游得像鳄鱼一样快。很多人由于身着沉重的鳞甲而沉入河底，或被冲走。赫梯人损失惨重，据说其中包括数名军官、国王的两名持盾侍卫、皇家卫队长，甚至还有国王的秘书和两位兄弟，阿勒颇的国王也险些淹死。

17 在这之后，双方隔河对峙，谁都无力再发动进攻了。

当日晚些时候，普塔军团和赛特军团相继抵达古埃及营地，进一步增强了古埃及人的实力。据说第二天，拉美西斯当着赫梯人的面处决了大量拉军团和阿蒙军团的士兵，以惩罚他们在前一天战斗中的怯懦。果真如此的话，可以想象险些丧命的拉美西斯当时肯定是气疯了，而此举也一定给穆瓦塔里留下了一个深刻印象——古埃及的人口资源真是太丰富了！

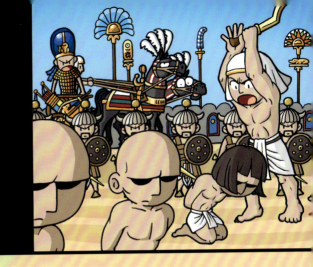

卡迭石

穆卡迪耶支流

奥龙特斯河

停战！

赫梯人的战车部队损失惨重，而古埃及两个军团的步兵也伤亡惨重，双方都没有彻底击败对方。穆瓦塔里提出停战，拉美西斯接受了。毕竟这样僵持下去对古埃及一方极为不利，赫梯军队没有被击败，卡迭石也还在赫梯人手中，于是拉美西斯率军返回了古埃及。卡迭石之战就此结束。

这就是公元前1274年的春天，发生在卡迭石平原上的17个瞬间。

那么到底是谁赢得了这场战役呢？从战场上看，双方打了个平手，谁也没有占到便宜，但是从战略层面看是古埃及输了，拉美西斯没有击败赫梯军队，也没能占领卡迭石城，就撤退了。据说，赫梯人尾随其后，曾短暂占领过大马士革，虽然之后的数年，古埃及与赫梯在叙利亚又进行过多次较量，但像这种倾国之战再也没有发生过。

拉美西斯二世回国后，将这场大战用文字和图像记录在至少五座神庙（拉美西斯、卢克索、阿拜多斯、卡纳克和阿布·辛贝勒）的墙壁上，以此夸耀自己大获全胜。这几乎等于拍了五部好莱坞史诗大片来造势，相反，我们还没找到赫梯方面的相应记录。

后记

这就是这场战争的大致过程，感谢"拉导"和古埃及的美术工作者们详细记录了这一切，让我们在3000多年后依然能鲜活地感受到当时的气氛。

有趣的是，这样一场倾国之战，没有史诗般的战阵对决，没有荡气回肠的胜负成败，有的是诸多意外的冲突和反转，还有诸如骄横的法老被狡猾的国王欺骗之类的桥段，还有一些令人不解的遗憾，比如整场战斗人数最多却存在感最低的赫梯步兵，毫无作为，几乎成了故事中只会"压住阵脚"的角色，然而，也许正是他们"存在"才把战斗拖到了最后的平局。

古埃及战车 VS 赫梯战车

卡迭石之战最大的特色就是战车之间的对决，战术思想的差异还让双方的战车发展出不同的形态。

古埃及战车的车厢由木框蒙皮制成，底板是皮条编的，轮子都很纤细，车厢非常窄小，将将能容下两个人并排站立——一切都是为了减重与提升速度。作战时，古埃及战车高速机动，配合威力强大的复合弓远程消灭敌人。

赫梯这边，战车的车厢比较大，很多战车搭载了三名战士，也许是为了尽可能多的搭载步兵跟随战车突进，但是客观上也增加了战车的重量，使战马的负担大幅增加。同样是两匹马，拉着这么一大坨东西，赫梯战马肯定比古埃及同行先累趴下。如果是这样，那赫梯战车会经常面临动力不足的问题，因为战马更容易疲惫，这样一来，战车的速度就会减慢，从而失去机动优势，成为敌人的活靶子。这可能就是古埃及人在战斗后半段反败为胜的原因之一。说白了，赫梯人被古埃及人耗得筋疲力尽，因此战败了。

整场战斗虽然以平局收场，但战车对决，是古埃及人赢了。

射杀马匹更容易毁掉一辆战车。

注：Hittite Chariots，赫梯战车；Kadesh，卡迭石。

亚述

Assyria

特拉布宗　　　　　　　　　　阿尔马维尔

辛梅里安人

弗里吉亚　　卡尼斯　梅利特纳　　　　　　乌拉尔图

塔巴尔　　　　　　　　吐什普

吕底亚　　托罗斯山脉　　　　　哈兰　古扎纳　　杜尔舍鲁金　哈桑卢
　　　　　撒玛　　　　　　　　　尼西比
　　　　塔尔苏斯　　卡开密什　　　　　　　　尼尼微　阿比尔
　　　　　　　　提尔·巴尔西普　　　　　　尼姆鲁德
　　　　　　　阿勒颇　　　辛贾尔　　　阿舒尔　亚拉帕卡
塞浦路斯　乌加里特　夸夸　　　　提卡
　　　　　　　哈马　　　　　　　　　埃什努那
　　　　　　　巴尔米拉
地中海　　　　　　　叙利亚　　玛里　　　西巴尔
　　　　毕布勒　　　　　　　　　　　　　启什
　　　　西顿　大马士革　　　　　　　　巴比伦
　　　　推罗
　　　　撒玛利亚　　　　　　　　　　　尼普尔
　　　　耶路撒冷
　　阿什杜德　　　　　　　　　　　　乌鲁
　　　　拉吉
舍易斯
　　塔尼斯

孟菲斯
　赫利奥波利斯

赫拉克利奥波利斯
　　　　　埃及
赫尔莫普利斯

休特

亚述帝国

约公元前 1800 年

约公元前 660 年

阿拜多斯
　底比斯
　　　　红海

赛伊尼

里海

曼努亚

米底

● 埃克巴坦那

扎格罗斯山脉

埃兰

拉伽什 ● ● 苏撒

● 乌尔

波斯湾

亚述

Assyria

亚述起源于美索不达米亚平原北部的一个商业城邦——阿舒尔（Ashur），这座用亚述主神命名的城市是亚述帝国的第一个首都。亚述人最初是成功的商人，早在赫梯帝国建立之前，小亚细亚地区就有亚述商人的身影了。

亚述帝国起初很弱小，国土"四面透风"、无险可守，而且正好处于周边大国的交通要道上。因此，如果不建立一支强有力的军队保卫自己，那就只能沦为周边国家的"擦脚垫"。

在经历了旧亚述和中亚述时期数百年的沉浮，以及公元前11世纪海上民族入侵后，古埃及、赫梯、米坦尼等强国纷纷衰落，亚述帝国趁机崛起，在新亚述时期（公元前911—前609年）迅速发展为横跨亚非的强大帝国。

亚述人

约公元前 2500—前 609 年

亚述人的军队被称为前工业时代最可怕的战争机器之一——组织高效、兵种齐全、装备精良。在新亚述帝国300多年的时间里，亚述军队是国王手中的利剑，是周边各国的噩梦。得益于考古发掘出的大量浮雕作品，我们能一窥这支军队的形象。这些浮雕生动、详尽、细节丰富，说是墙上的"兵马俑"也不为过，更可贵的是还有情节与场景。

早期矛兵

早期亚述和周围其他国家一样，在播种与收获之间的农闲时节会从农民中征召士兵出征。由这些农民构成的亚述矛兵没有护甲，只装备一顶尖顶头盔和一面长方形盾牌，身穿短袖束腰外衣，短裙上饰有流苏，武器是长矛和短剑。

中晚期矛兵

到了新亚述中期，矛兵的护具有所改善。他们开始装备一种带有冠饰和护耳的一体式头盔，胸前加装着用两条宽皮带固定的"护心镜"，盾牌改成了圆形。

随着时间的推移，亚述帝国与北方山区的乌

得益于冶铁技术的成熟，新亚述帝国早期就已经有铁器装备部队了。

早期步兵盾牌用芦苇或柳条制成，并附有金属加强筋。

这种圆盾也是用芦苇或柳条制成，覆有皮革，把手处有金属加固件。

拉尔图（Urartu）帝国的冲突开始了，亚述军需要在更多样的地形地貌上作战，因此士兵开始装备系带的长筒靴，头盔也加装上有铰链连接的护耳。这种带冠饰的头盔几乎成了亚述矛兵的标志。据说这种设计是受到乌拉尔图或新赫梯城邦国家的影响。

那么为什么要做这种改变呢？是因为某种文化影响？或者是对先进事物的借鉴吗？实际上，可能只是因为亚述缴获了很多这样的头盔，那就发给临时征召的部队用呗，省得再做了；或者有的辅助部队戴的就是自己地方特色的头盔，比如来自新赫梯属国的士兵。可能就是这么简单。因为在常备军和皇家卫队中，几乎没见过有士兵用这种头盔。

一种凸面圆盾，有更多的装饰和金属加固件。

新亚述帝国晚期出现的一种大型盾牌，顶部是弧形，底部是齐边，方便立在地上，组成盾墙。

亚述矛

亚述步兵使用的矛都不长，一般只有一人多高，攻击时多为反手持握，举过头顶，向前下方戳刺。这种长度的矛携带方便，适合近战，也可以当作标枪投掷，亚述步兵普遍装备短剑，因此投掷后可以继续作战。

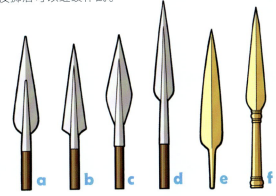

a b c d 亚述浮雕中出现的一些矛头样式，安装方式都是插座式。

e 在尼姆鲁德（Nimrud，新亚述帝国早期都城）出土的一种青铜矛头，是捆绑式的。

f 这个造型优美的插座式青铜矛头可追溯到新亚述晚期。

常备军

新亚述帝国的扩张也不是一帆风顺的。公元前9世纪中期，新亚述帝国还拿南叙利亚小国联盟的抵抗没有办法，数次铩羽而归，之后经历了几十年的弱势期，直到公元前745年，提革拉·毗列色三世（Tiglath Pileser III）上台，这种情势才有所改变。这位强有力的国王对军队进行了改革，最大的变化就是设立常备军，有了这支专业部队，在发动战争时就不会受到农业生产的限制，可以随时出征。这也是为什么在随后的战役中，亚述帝国可以围攻阿尔帕德（Arpad）三年之久。这是没有常备军时无法做到的。同时，部队还需要完善、高效的后勤补给系统，只有这样才能支撑一支大军在数百公里外完成如此长时间的围攻。

亚述常备军除了亚述士兵，还会吸收一些外国军队和雇佣军，比如萨尔贡二世（Sargon II，公元前721—前705年在位）时期就曾经将以

色列的50辆战车小组编入军队，还有来自哈马（Hamath）、卡开密什等地，甚至小亚细亚定居点的希腊人。

常备军的装备比各省临时征召的辅助士兵的装备要精良许多，所有常备兵都配发统一的军服和装备：铁质尖顶头盔上还装有青铜加固带，札甲背心由青铜或铁片制成，以及长筒系带皮靴。

亚述甲片

亚述常备军普遍装备了青铜或铁质札甲，这种护甲与鳞甲相似，但甲片只是用绳子连在一起的，无需内衬，维护修理更加方便。尼姆鲁德曾出土过一些这样的甲片，长度约7—8厘米，宽2.5厘米左右。甲片中间有凸起的中脊以增加强度。不同的开孔可能是对应不同的编织方式，也可能是维修时开的孔。

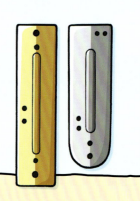

皇家卫队

这支部队负责保护亚述国王及王室成员的安全，由经验丰富的精锐勇士组成，是一支兵种齐全的作战部队，人数多达数千甚至上万。据说在萨尔贡二世的卫队中，仅骑兵就有 1000 人。这些战士被称为"强壮的人"，在亚述军队出征时，皇家卫队保护国王战车、军旗以及神职人员的车辆，走在行军队列的前面。

皇家卫队除了保护国王，还会被派去执行一些驻防重要设施、押运重要俘虏与战利品之类的任务。

在国王身边还有一群人被称为"亲近的人"。这些人就出自皇家卫队，是国王最信任的人，职能类似秘密警察，经常受命传递国王密令，并监督执行，还负责监视帝国的所有总督、官员，以

在一些亚述浮雕上可以看到这样的皇家卫兵，他们手持装饰华丽的圆形大盾，守护在亚述国王的战车周围。

及附庸国国王，随时向国王报告任何可疑行为。因此，这群"亚述锦衣卫"非常令人恐惧。同时他们还极尽贪污腐败之能事，有人在叙利亚一座古城曾经发掘出一处"锦衣卫"豪宅，里面有两个庭院、80 多个房间，占地将近 5200 平方米。

在尼姆鲁德出土的一块彩釉陶砖上，国王身后有一个皇家卫兵的形象，他戴着一顶金黄色的头盔——这应该是一顶崭新的青铜头盔，而不是铁质头盔（果然，国王身边的人颜值才是第一位的），没有持盾，但整个身体就像个武器架，可以执行多种任务，手中的棍棒用来驱赶俘虏。

弓箭手

与其他古代军队一样，亚述军队中数量最多也最重要的组成部分是步兵，其中弓箭手是亚述步兵的精华。亚述弓箭手分轻型、中型、重型三种。中型和重型弓箭手一般是两人一组，其中一个人担任守卫，用盾牌保护战友免受石矢的攻击，配备近战武器，随时准备击退接近的敌人，如此，弓箭手就可以安心瞄准射击了。这种配置在之前的军队中很少见，这表明亚述人经常进行攻城战，而且在与敌人弓箭手对射的情况下，也会具有明显优势。

✿ 早期轻装弓箭手

这类弓箭手来自各省征召的辅助部队。他们的装备很简单，没有头盔，半裸并赤脚，下身围一条带流苏的短裙，除了弓和箭袋，还有一把短剑，用以自卫或者割取敌人首级，有的弓箭手还会另外在腰间别一把匕首。

亚述和秦国一样用人头记功。

✿ 早期中型弓箭手

早期中型弓箭手配有护卫，护卫手持的盾牌尺寸较小，两个人有一定的突击前进的能力。这类弓箭手貌似只在提革拉·毗列色三世和萨尔贡二世时期的浮雕中出现过。他们装备有头盔，其中有些人的头盔明显有萨尔贡二世时期的特点——尖顶不是很长，看上去像个洋葱。还有一部分人装备札甲背心和凉鞋。弓箭手配有短剑和弓箭，护卫配盾牌、短剑与矛。

✿ 早期重装弓箭手

这类弓箭手身穿长至脚踝的重型鳞甲，带有护肩，头盔上连接着一个鳞甲面罩，保护脸颊和颈部，只露出眼睛和鼻子。穿着这种夸张的护具，拔剑上去砍人完全不成问题，但他们却躲在攻城盾的后面射箭，而且从精致的长剑和手镯来看，这些人的身份不低。这些重装弓箭手是步兵中的精锐部队，在攻城战中被大量部署，在有些浮雕场景中，也作为国王的护卫出现。

早期的攻城盾像一堵用芦苇扎起来的护墙，顶部有一个回弯的直角，用来加强顶部防御。

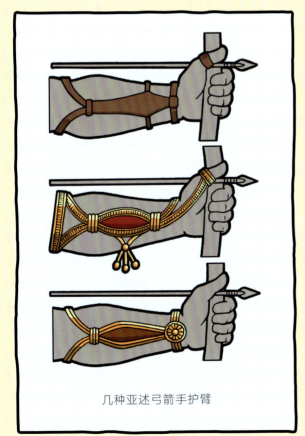

几种亚述弓箭手护臂

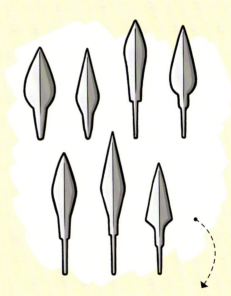

亚述时期的各种铁箭头，看形制，基本都是用在芦苇箭杆上的。芦苇箭杆的优点我们在前面讲古埃及的时候介绍过（详见第9页）。

¤ 晚期轻装弓箭手

到了帝国晚期，这些轻装弓箭手的形象大多也是赤脚的，身穿短上衣和带流苏的短裙，这些都是亚述人的服饰；头巾垂有两条带流苏的护耳，这看上去又像是犹太人的装束。从这种混搭风格能看出，这些辅助部队来自不同的地区和民族。他们是优秀的轻步兵，可以集中部署进行战斗，也可以追击敌人，搜索山区和沼泽中的逃亡者，押送俘虏与战利品，破坏敌人的农作物，保护工人等。他们是亚述军队中不可或缺的组成部分。在各时期的亚述宫廷浮雕中，总共出现过大约545名轻装弓箭手的形象，辛那赫里布（Sennacherib，公元前704—前681年在位）时期最多，有350名左右，据说这位国王制作的浮雕足有三公里长。

¤ 晚期重装弓箭手

那些又长又重的鳞甲在公元前8世纪中期就消失了，取而代之的是齐腰长的札甲背心，更轻便灵活，不影响士兵行动。从装备上看，这些弓箭手属于常备军。他们的攻城盾有了明显改进，看上去更轻便一些，同样是用芦苇捆扎，上下两端有皮革包裹，中间有金属带加固，顶部逐渐收窄并向内弯，这种设计在加强顶部防御的同时，也方便弓箭手射击。这种造型的攻城盾连在一起会形成一道类似城墙雉堞的屏障，充分保护后面的士兵。这种攻城盾和尖顶头盔一样，几乎成了亚述军队的标志性装备，它的起源可以追溯到1000多年前的苏美尔时期。

弓与箭

亚述人虽然也使用单体弓，但他们最常用的是三角复合弓，似曾相识吗？对，这种弓与古埃及人的三角弓很相似，长度一般在1.2—1.4米之间，最大射程可以超过400米，弓弰（shāo）部分经常被制作成鸭头形，鸭喙就是挂弓弦的钩齿，既美观又实用。

亚述人的箭一般有90多厘米长，并且广泛使用了铁箭头，箭杆由芦苇制成，这一点和古埃及人的箭杆很像。两河流域长有大量的芦苇，亚述人甚至会保留河道专门种植芦苇，制作箭杆、盾牌及筑城都能用得到，这是一种战略资源！

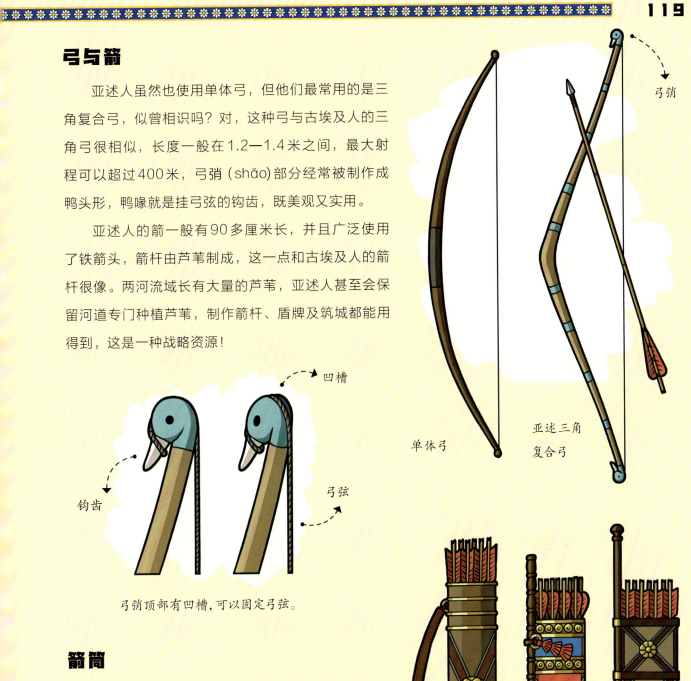

弓弰

单体弓

亚述三角
复合弓

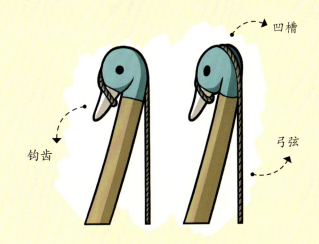

凹槽

钩齿

弓弦

弓弰顶部有凹槽，可以固定弓弦。

箭筒

亚述的箭筒一般由皮革或者木头制成，通常装饰得很漂亮，大多都有彩绘和金属装饰构件，将皮带固定在两个圆环上，斜背在身后。有些箭筒还会加装一根装饰过的木杆，比筒身略高，木杆顶端通常是一个球形把手，这根木杆除了用来固定圆环之外，还能使箭筒更加坚固，并且可以抓住这根木杆把箭筒向前拉，调整箭筒的位置，以便抽出箭来。

早期骑兵

亚述的骑兵部队大约出现于公元前10世纪，可以说是与新亚述帝国共同诞生的。亚述骑手们不再像之前一样，只被当作"快递员"使用，而是成了独立的作战部队。

很大程度上，亚述骑兵是被周边游牧民族"倒逼"出来的。为了应对敌人的骑兵，亚述不得不大力发展自己的骑兵部队。另外就是马的问题，同样数量的马匹，骑兵比战车的作战效能要高得多。亚述战车有两马、三马和四马几种，但不管哪种，战车上通常只有一名作战人员，其他士兵或者是驭手或者是盾牌手，也就是说，作战士兵和马的比例是1：2、1：3，甚至1：4，而骑兵是1：1；再者，战车本身很昂贵，维护不

易。在战斗中，如果有一匹马受伤，整个车组可能就作废了，如果战车乘员受伤，那整个车组的战斗力也会大打折扣。可见，马匹是非常昂贵的战略资源，而骑兵显然比战车更经济高效，能应对更复杂的作战地形。

第一批亚述骑兵的形象出现在亚述纳西尔帕二世（Ashurnasirpal Ⅱ，公元前883—前859年在位）的宫殿浮雕上。那时的马具很简单，马鞍和马镫还没有发明出来，骑兵们直接坐在光溜溜的马背上。从浮雕上看，骑兵们的骑术还不是很纯熟。他们通常两人一组成对行动，其中一人担任弓箭手，在他射箭的时候，另外一个会牵住弓箭手那匹马的缰绳，帮他的马保持稳定。

弓箭手和他的马都有更好的装饰，看起来在两人当中地位较高。

牵马的这位骑兵的装备中有近战武器，人和马的装饰更朴素，像是弓箭手的侍从。感觉这是一个骑兵版本的步兵弓箭手小组。

萨尔贡二世时期非常有特色的洋葱状头盔。

长矛尾部加装了平衡装置，这能让武器更容易控制。

亚述骑兵矛要比步兵矛长一些，有的可能超过 2.5 米，持握方式基本一样。

中期骑兵

萨尔贡二世时期，骑兵的技术日趋成熟。从图上看，他们已经能独立控制马匹作战了，不过大多还是以两人一组的形式出现，都配有全套武装。骑兵们的形象通常都是手持长矛冲锋，弓挎在左肩上，箭筒背在身后，还配有短剑，可以想见，这一时期的骑兵大多是以冲击形式作战的，弓只是备用武器；护具方面较之前没有太大变化，只增加了靴子，但没有装备护甲。

马匹都经过精心的装饰，还增加了带流苏的头冠，可以看出马匹的珍贵程度。实际上，北方山区乌拉尔图人的崛起让亚述人感受到威胁，这是因为马匹输入的通路在很大程度上受到了影响。为了解决这个问题，萨尔贡二世的前任提革拉·毗列色三世入侵乌拉尔图，并围攻其首都，但没有获得胜利。

公元前714年，萨尔贡二世再次征讨乌拉尔图，在"沃什山之战（the Battle of Waush）"中击败了乌拉尔图国王率领的军队。在这一战中，发起决定性一击的就是皇家卫队的骑兵。据说，萨尔贡二世在此战中一共动用了4000名骑兵，其中包括皇家卫队骑兵1000名。

在这之后，落荒而逃的乌拉尔图国王放弃了他的首都，乌拉尔图从此一蹶不振。

晚期骑兵

亚述骑兵在亚述巴尼拔（Ashurbanipl，公元前668—前631年在位）时期发展到了顶峰，成为一支高效并且装备精良的作战部队，最重要的进化就是给马也装备了护衣——除了头部和四肢，颈部和躯干部分都覆盖着由皮革或者织物制成的护衣。这些护衣是由几部分组成的，用带扣连接固定在一起。护衣减少了马匹的损伤，增加了骑兵的安全性，从而提高了作战效率。

这一时期的亚述骑兵显然已经弓马纯熟了，浮雕中出现了很多只装备弓箭的骑兵形象，不过背弓持矛的骑兵形象也依然存在。骑兵们此时已经全部装备了札甲背心，整体装束看上去与常备军的步兵没什么差别，因此在不骑马的时候很难区分兵种。不过，在攻城战的场景中，有很多重装弓箭手其实是下马作战的骑兵弓箭手，他们和步兵唯一的不同可能就是骑兵札甲背心下方的皮条护裙正面有一个缺口，这可能是为了方便骑马专门设计的；还有一点是，骑兵的箭筒通常是可以装进弓的款式。等等！攻城时，弓是拿在手里的，怎么确定是哪种类型的箭筒呢？呃……那就用这种方法来分辨不在作战状态的下马骑兵，比如前面介绍的那个皇家卫队的"武器架"（详见第115页），或许就是一名下马的骑兵。

亚述的剑与匕首

亚述人最常用的剑是一种直身短剑，可以用皮带挂在身体左侧，剑柄有一个圆形柄头，几乎没有护手，剑身从手柄向剑尖逐渐变细；通常用来刺击，也可以劈砍，亚述战士经常用它来割取敌人首级。从浮雕表现的来看，这种短剑装备量非常大，可能大多是铁质的，不知道是不是冶炼技术的原因，所以无法做长，抑或是认为没有必要且太费料，毕竟那个时代的铁还是稀缺资源。亚述人依靠掠夺和索贡，疯狂地囤积铁，证据有二：一是人们在豪尔萨巴德（Khorsabad）皇宫遗址的一个储藏室里发现了160吨铁器，二是在尼姆鲁德皇宫遗址的一个房间里也发现过一堆铁甲片，厚达35厘米。

亚述人也有长剑，但通常是装饰华丽的权贵玩物，匕首也一样，亚述国王特别喜欢在腰带上别两把甚至三把漂亮的小匕首到处走。

这种箭筒很方便，可以将弓也塞进去，一起背在身后，不必像以前那样挎在肩上。

两只抱在一起的狮子。

a b 两把长剑，通常是地位较高的人佩带。
其中 b 是国王的佩剑，装饰有别致的狮子形象。
c 经常出现的一种短剑，装饰朴素得多，通常出现在官员及其随从身上。
d 一种弯刀，很少见的类型。 e 一把朴素的实战用短剑。
f g h 三把华丽的匕首，有密集精巧的花纹和动物主题的装饰。

战车

亚述战车似乎博采众家之长，车轴位置和古埃及战车的一样，水平牵引杆有迈锡尼战车的风格，人员配置与赫梯战车相似。由于骑兵的发展，亚述战车的数量显然不像古埃及和赫梯那么多，但地位相当尊贵，亚述国王出征时会一直乘着他的豪华战车。

在用途上，亚述战车兼顾射击平台与破阵两大主要功能。在战斗中，战车负责突击敌阵，打开缺口，制造混乱，骑兵趁机突入，扩大突破口，造成敌人阵线的崩溃。当敌人开始溃败时，亚述人便可以乘着战车，轻松射杀逃跑的敌人。

两人战车与三人战车

这些早期战车的一大特征是都有一个水平牵引杆，并且装饰得很精美。车厢可能是木板做的，两侧固定着交叉放置的箭袋，里面还插有两把斧子、一根带流苏的长矛，武备着实强大。两人战车空间比较充裕，两人之间还会插一面军旗；三人战车小组的弓箭手和驭手都穿着长款的重型鳞甲，另外增加的盾牌手没有护甲。很多时候，这些战车由三匹马牵引，其中一匹不拴在牵引杆上，只用缰绳拉着，据说这是备用马，用来替换战斗中受伤的马。

指挥官的战车上会插着军旗。

装饰精美的水平牵引杆。

车厢后部的开口会用一面带刺的盾牌封住。

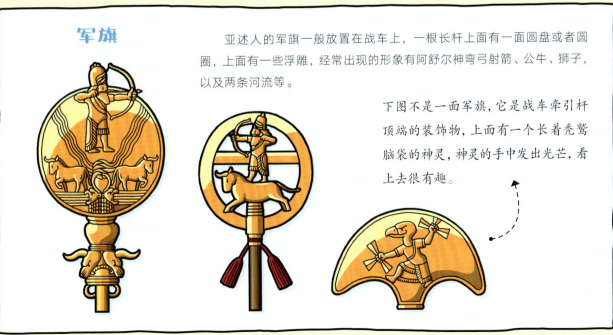

军旗

亚述人的军旗一般放置在战车上，一根长杆上面有一面圆盘或者圆圈，上面有一些浮雕，经常出现的形象有阿舒尔神弯弓射箭、公牛、狮子，以及两条河流等。

下图不是一面军旗，它是战车牵引杆顶端的装饰物，上面有一个长着秃鹫脑袋的神灵，神灵的手中发出光芒，看上去很有趣。

四人战车

在亚述巴尼拔时期出现的四人战车，是亚述战车的终极进化版，装载四名乘员，由四匹马牵引，有着近乎一人高的巨大车轮，绝对是一件震慑人心的兵器！试想一下，四匹马拉着四个比姚明还高的大汉向你冲来的画面……

四人战车组除了弓箭手和驭手外，增加了两名盾牌手，所有人统一装备尖顶头盔和札甲背心。车厢完全是重新设计的，像一个方盒子，前部左右两边设有箭筒，整体看上去更宽敞、更坚固，尽管如此，也没有足够的空间让四个人并排站立。

四匹马都装备了护衣，样式和同时代骑兵战马的护衣几乎相同。战马护衣的出现大大增加了战车的可靠性和效率，减少了因为一匹马受伤而连累整个车组的情况。

四人战车的出现，可以说是战车功能单一化的体现，因为在移动射击和追击敌人方面，骑兵已经取代了战车，唯一无法替代的就是用自身重量冲击敌阵，在这方面，战车比骑兵更有优势，所以战车的这项功能被极端化了。

总之，虽然战车有逐渐被骑兵取代的趋势，但在亚述军队中依然是不可或缺的组成部分，很大程度上，它是那个时代军队力量与技术实力的象征。有研究称，亚述军队的兵种比例是：步兵100，骑兵10，战车1。

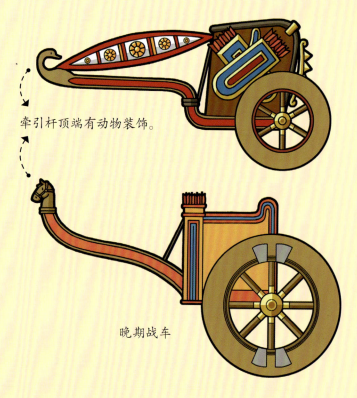

牵引杆顶端有动物装饰。

晚期战车

攻城战

在两河流域这种遍地深沟高垒、城镇拥有防御设施的地区，没点攻城的绝活儿，简直混不下去，都不会有人怕你！不过很显然，亚述军队精通此道。

爬云梯这种最原始的方法，在那种有两三层城墙、遍布塔楼的防御工事面前简直就是送死——亚述人显然不是依赖这种方法称霸近东的。早在亚述纳西尔帕二世的宫殿浮雕上，就出现了一种巨大的攻城机械。

这是一座由木制框架组建的多层塔楼，上面覆盖着柳条或芦苇编织的墙板；正面覆盖皮革，用来抵御防守者的攻击；下半部是撞城锤，撞杆的顶端有一个铲形的金属头，可以用来打击城墙；上半部是一座攻城塔，可以派驻弓箭手压制城头的敌人；底部有六个轮子，靠人力推动（这得多少人啊）。

这种巨大的攻城塔可能跟城墙是等高的，甚至更高，这肯定是在开始围城（往往持续几个月甚至几年）后，工兵们按城墙的高度现场建造的，关键部分的零件是亚述人自己带来的，其他部分就地取材。有记录称，在围城后，亚述人会把周围的树木砍光，用来做围攻的资材，用不完就运回亚述。

可能因为过于笨重，也可能是战术变化，这种攻城塔很快就被小型的攻城机械取代了。

攻城战的代价十分高昂，人们在拉吉发现过一个乱葬坑，里面有1500具亚述士兵的尸体。

攻城塔顶部有弓箭手小组，可以压制城头的敌人，保护攻城塔。

攻城塔后部是敞开的，方便联络和运送物资。

投石手

　　直到辛那赫里布时期，亚述军队中的投石手形象才大量出现在浮雕中，相较于其他国家军队那些近乎裸奔的同行，这些亚述投石手的装备可以说过于奢华了——头盔、护甲、长靴，都是常备军的标准配置。他们恐怕是历史上唯一的重装投石手了。到了亚述巴尼拔时期，投石手又回归了轻装配置。

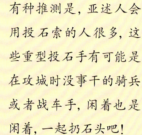

亚述投石手没有弹药袋，一般都是将石弹堆在脚边。

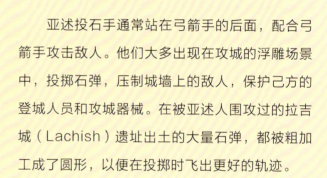

　　有种推测是，亚述人会用投石索的人很多，这些重型投石手有可能是在攻城时没事干的骑兵或者战车手，闲着也是闲着，一起扔石头吧！

　　亚述投石手通常站在弓箭手的后面，配合弓箭手攻击敌人。他们大多出现在攻城的浮雕场景中，投掷石弹，压制城墙上的敌人，保护己方的登城人员和攻城器械。在被亚述人围攻过的拉吉城（Lachish）遗址出土的大量石弹，都被粗加工成了圆形，以便在投掷时飞出更好的轨迹。

石矢配合

　　投石手站在弓箭手的后面，以较大的弧度投掷石弹攻击敌人。当敌人举起盾牌遮挡时，弓箭手可以趁机射击敌人失去防护的躯干部分。（战争中的人类在如何杀死同类这件事上，总是如此有想象力……）

抓紧喽！

四人战车实在是太挤了……

亚述行军队列

- 🟨 国王的战车
- ⬜ 众神旗帜和神官车辆
- 🟥 皇家卫队
- 🟦 常备军及辅助部队
- 🟩 攻城器械
- ⬛ 补给车及随从

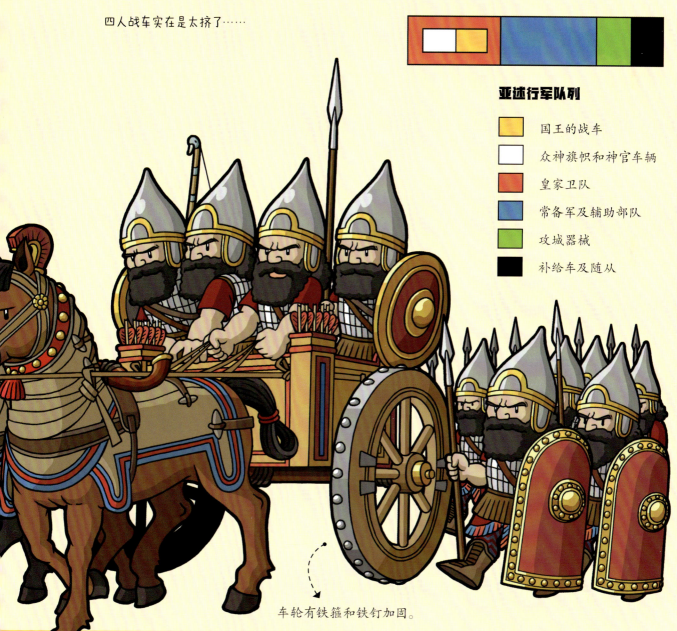

车轮有铁箍和铁钉加固。

为什么攻城锤不直接撞城门？
城门容易被攻破这谁都知道，因此防守方会疯狂加强城门的防御，有的城门还会被设计成有好几层的空间，这样一来，撞城门反而不如直接攻击城墙简单。

城塔内有专门负责灭火的士兵，他们用大勺子洒水，这种拱顶结构方便向下流淌浇灭火焰。

守城者向亚述人投掷石块、火把，甚至车轮进行抵抗。

近东的城墙一般都是由泥砖砌成，有条件的城市会用石头建造墙基。

有些工兵仗着一身重甲，不拿盾牌就上去"挖墙脚"。

守城者的注意力被攻城塔吸引，工兵趁机挖地道破坏墙基。

有的工兵会举着盾牌烧城门。

一种对付攻城锤的方法是用铁链套住撞杆，向上拉，从而偏转撞锤的方向。为了对抗这个装置，一些工兵准备了（前面提到的）金属钩子，一旦铁链套住撞杆，他们就钩住铁链，把全部重量挂在上面，防止它干扰撞击。

攻城盾还可以这么用！

在坡道上有大量弓手和投手掩护撞锤作业和兵登城。

亚述战船

　　没错！亚述人是旱鸭子，但是不表明他们没有战舰。在众多的附庸国当中，腓尼基是一流的航海国家。通过与腓尼基人的接触，亚述人受益匪浅。他们改良了自己的内河船只，但是对于海上战舰这种大家伙显然还是不在行。一些腓尼基人被亚述人带到波斯湾，为亚述人建造了双层桨战舰，并充当水手。公元前694年，辛那赫里布用这些战舰在埃兰海岸进行了一次登陆作战。

这种双层桨战舰，在桨手座舱上面还有一层甲板，侧面设有盾牌连起来的胸墙，可以当作士兵的作战平台。

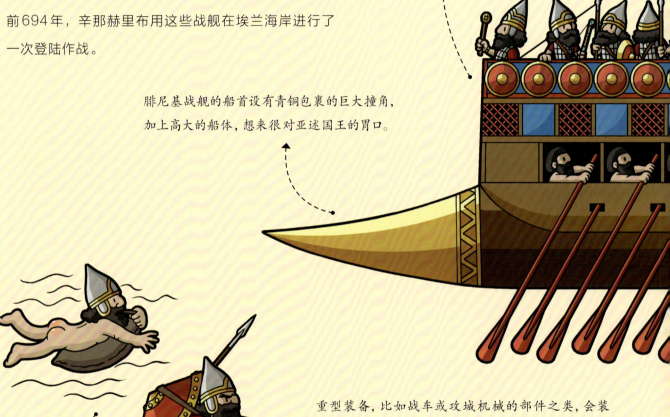

腓尼基战舰的船首设有青铜包裹的巨大撞角，加上高大的船体，想来很对亚述国王的胃口。

重型装备，比如战车或攻城机械的部件之类，会装在一种圆形的皮船中。马匹由士兵牵着游泳渡河。

亚述士兵在渡河的时候会使用一种可以充气的动物皮囊，有些皮囊并没有扎紧，士兵会把气嘴握在手中，边游边吹；有的士兵赤身裸泳，只戴一顶头盔；有的则背着自己的盾牌和长矛。

工兵

亚述工兵是历史上第一次出现的独立工兵部队，他们在整个军队中的比例一直保持在10%左右。除了行军时开路架桥这类基本工作，工兵们还要在攻城的时候提供"技术支持"，建造并操作攻城器械、堆土坡、挖地道、烧城门等，还要拆除敌人的防御工事——这项工作不一定是在破城之后进行，有时在围攻期间就已经开始了。工兵们用绳子拉倒松动的大块砖石，再用斧子砍断所有木梁，系统地将敌人的堡垒夷为废墟。

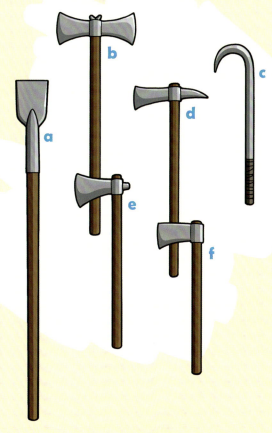

a 一把用来撬城墙泥砖的铲子

b 一把双刃斧

c 一种铁钩子，功能可以在第132页找到

d 一把鹤嘴锄

e f 两种单刃斧

如果看到一个用斧子作战的亚述士兵，那他多半是个工兵。

从新亚述中期开始，攻城机械逐渐小型化——去掉攻城塔，变成了单纯的"撞城锤"。撞城锤一般有四个轮子，在木框架上覆盖皮革或毛毡，有的还会加上一些金属圆盘，以增强防护效果，配一到两个撞杆，前端是一个巨大的铁矛头，用以捣毁城墙。这种撞城锤至少有两层，上层有士兵负责灭火。这种新型撞城锤更简单、更轻便，更适应亚述人的新战术。

辛那赫里布时期，著名的拉吉城围攻战浮雕就展现了亚述人的新战术。他们贴着城墙底部堆起巨大的土坡，高度接近城墙顶部，这样一来，撞城锤就可以攻击相对薄弱的城墙顶部，从而打开缺口，步兵紧随其后登上城墙，消灭守军。

亚述人把他们能找到的一切材料，诸如建筑废料、砍倒的树木、砂土碎石，都用到了建筑土坡上，表面还覆盖砖石或木板，使表面平整，以便撞城锤通行。在拉吉，这些土坡有近60米宽，16米高，在建成2700多年后仍然存在，而在它们的帮助下所征服

这些土坡工程量巨大，但优点是很难被摧毁。

为什么是尖顶头盔？

为什么绝大多数亚述头盔的形状都是这种尖顶的圆锥形？这是因为与亚述军队的征服相伴的是没完没了的攻城战，锥形头盔可以使从上方落下的物体顺着头盔滑落，从而达到一定的防护效果。

的城市却早已不复存在，这充分证明了亚述人高超的工程技术。

这种使用攻城坡道的战术在近东广为人知，以至于在汉谟拉比统治时期，古巴伦的孩子们都被布置了建造坡道的作业。可以说，亚述人的攻城技术集近东攻城术之大成，他们不断创新自己的工程技术，使之日臻完善。

奇怪的是，在亚述末期，也是其极盛期的亚述巴尼拔时期，任何浮雕中都没有出现过攻城机械的形象，围攻城市的场景也非常少见，工兵只是用圆盾护身，拿着一把匕首或短剑在刮城砖。

总之，亚述人凭借这些攻城技术与恐怖的战争手段称霸近东数百年之久，也使得这些技术传遍了整个近东地区。

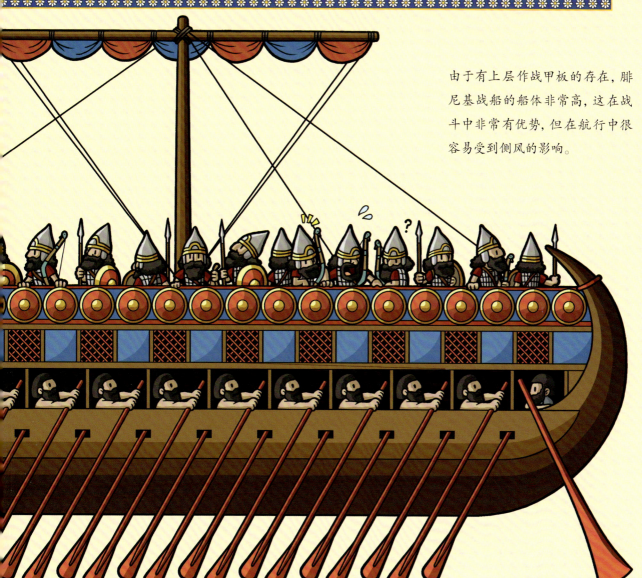

由于有上层作战甲板的存在，腓尼基战船的船体非常高，这在战斗中非常有优势，但在航行中很容易受到侧风的影响。

这种有着马头和鱼尾装饰的长船是亚述晚期一种改良过的内河船只，配备四名桨手。在一些浮雕中可以看到人们用它来运输木材。

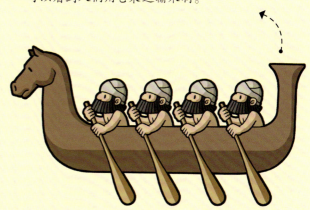

这种芦苇扎成的船是亚述人在两河流域下游的沼泽和潟（xì）湖中追讨迦勒底叛乱者时使用的。

注：潟湖是在海的边缘地区形成的独立水域。

亚述国王

亚述国王被视为神的代理人，通过征服尽可能多的领土并带回尽可能多的战利品来荣耀亚述的主神——阿舒尔。亚述人坚信他们的主神阿舒尔是维护这个世界秩序的神灵，而他们的敌人——那些混沌的"邪恶"势力——都试图破坏这个理想的秩序。亚述国王通过粉碎这些抵抗他的混沌敌人来展示亚述的力量。说白了就是："我的！我的！都是我的！谁敢反抗谁就是混沌邪恶势力！"

虽然亚述国王看上去强大无比，但这着实是一个"高危职业"。首先他必须是一个有能力的国王，国王强则亚述强。每一位亚述国王在继位之后，都会面临各地没完没了的叛乱和纷纷表示"不服"的附庸国；他们几乎都是在亲征中度过在位时期的，比如那位武功赫赫的萨尔贡二世，就是在这样的统治中开启了萨尔贡王朝，一直持续到帝国的末期。他还建造了一座新首都——杜尔－沙鲁金，意思就是"正义国王的堡垒"，结果他自己却在去塔巴尔（Tabal）平定叛乱期间阵亡了，连尸体都没抢回来。他的儿子

辛那赫里布认为老爸肯定是犯了什么罪孽，认定这是个巨大的凶兆，所以他在继位后，立即将首都迁到了尼尼微。然而这位"好儿子"辛那赫里布的结局也不怎么样——他被自己的儿子刺杀了……最后一位强力国王亚述巴尼拔在位41年，兴建了大图书馆，亚述帝国达到极盛期，但在他去世后，亚述帝国急速毁灭了。

**纳西尔帕二世亲临
指导攻城图**

亚述国王喜欢吹嘘自己的武功，在浮雕上的他们亲临一线，向被围攻的敌方城市射箭，身边带着两个持盾护卫和一个帮他拿权杖和备用弓箭的侍从。

亚述军官

亚述国王是军队的最高统帅，经常御驾亲征，不过在必要的时候，国王也会将部队的指挥权交给他的兄弟或者左右两个"图尔坦"，也就是战地元帅，其中左元帅优先，再往下，就像古代其他军队一样，是负责千人队、五百人队和百人队的军官。

亚述巴尼拔的
豪华战车

侍从举着豪华阳伞，这是国王战车的独有装备。

亚述巴尼拔猎狮图

亚述国王还喜欢吹嘘自己的勇气，不止一位国王在浮雕上刻了猎狮的形象，其中最著名的一组是亚述巴尼拔猎狮浮雕。这个场景是亚述的经典传统项目，很多国王都有做出类似动作的形象。

狮子堪称两河流域最惨配角啊……

能一把掐住猛冲过来的 500 斤雄狮，还真不是普通人类呢……

战役结束后，两名抄写员在记录杀敌数量，与古埃及人用右手记功不同，亚述人是按敌人首级记功，那些排队记功的士兵，或拍手相庆，或不耐烦地抛着人头解闷，或兴奋地举着人头炫耀，这一切都在亚述王宫的浮雕上有着生动的表现。

亚述人的暴行

亚述国王喜欢用铭文和画面炫耀自己的暴行，在亚述各个王宫的墙壁上，甚至大门的铜饰带上，都生动地刻画着这些暴行的场面。这样做有充分的现实作用——亚述国王希望用这样的恐怖场景来震慑周边国家，从而达到不战而屈人之兵的目的。想象一下，外国使臣们在宫门外等待接见时，看到大门的铜饰带上刻着人头堆、尖桩上的尸体以及残害俘虏的画面；进门以后，在大厅的走廊两侧，还有一人多高的恐怖画面…… 想象一下外国使臣们的心情……

面对强大的亚述军队，弱小的国家面临艰难的选择：要么投降，承受亚述人的掠夺和索贡；要么抵抗，增加更多的尸体和战俘，其他什么都没有了……

凭借军事征服、威胁恐吓、掠夺索贡相结合的手段，亚述国王积累了巨量财富，用来建造奢

亚述帝国的毁灭

华的宫殿、供养装备精良的军队，然后继续征服更多的国家。到亚述巴尼拔时期，帝国的扩张达到了极限，亚述军队疲于镇压各处叛乱。亚述人的恐怖统治从来不会让周边国家长久臣服，首都尼尼微甚至被称为"血腥的狮穴"，而亚述人被视为魔鬼亲自送来的家伙。

亚述巴尼拔去世后，他的儿子们互相争斗，导致亚述很快就在内战中衰落了。仅仅15年后，公元前612年，首都尼尼微被古巴比伦和米底联军包围，经过三个月的痛苦坚守，最终陷落。亚述人遭到了注定会来的报复，尼尼微被系统地彻底摧毁。大概200年后，古希腊历史学家色诺芬作为希腊雇佣兵的一员，跟着波斯王子小居鲁士行军路过这里时，已经看不出这就是曾经的亚述帝国首都了。

之后，亚述的残余势力退守西面的哈兰，并且向古埃及寻求援助，以图再起。不过，没等古埃及援军赶到，公元前609年，古巴比伦军队就攻陷了哈兰，亚述帝国彻底毁灭了。

Author's

作者的话

大家好，我是艾洋，一个野生漫画作者，您能耐心看到这里，让我感到非常高兴又安慰。画这样一本军事图鉴是我长久以来的心愿。早在2004年，大学毕业论文和毕业设计时就有了这本书的雏形，但因为资料积累还是太少，加之当时的网络不是很方便，资料查找很困难，再往后又要找工作、结婚、生娃、带娃……这个计划就暂时被搁置了，这一"搁"就是16年。2020年的特殊时期，我下定决心重启这个计划！

等待不如行动，必须跟心愿摊牌了！

不过，收集和研究资料是一个辛苦而又漫长的过程，但更多的是乐趣，因为你总是会和很多没想到的资料不期而遇，一个资料就像一粒种子，在查找和研究的过程中不断"开枝散叶"，最后长成一棵"郁郁葱葱"的意外之树。就像亚述工兵的钩子，当时并不是我的研究目标，这是在研究一幅亚述攻城战浮雕时偶然发现的——两个亚述士兵在城墙下面，双手抓着钩子挂在一副铁链上，就像两个小孩吊在墙上玩（这是什么迷惑行为？一定要搞清楚！）。结果，通过观察周围的图案我才搞明白，他们头顶上有一根攻城锤的撞角正在凿墙，那副垂下来的铁链是守军的一种防御工具，作用是套住撞角的头往上拉，以使其改变方向，从而无法凿墙攻城。而这两名士兵在下方钩住铁链，用自己的体重阻止它向上拉（详见第132页）。一旦想通了，那种意外的欣喜是难以抑制的！太有趣了，竟然还有这么丰富的细节，一定得把这两个人画下来！！那一刻，忽然感觉自己和两千多年前的同行心意相通了！后来，在继续查资料的过程中，我发现国外的研究者对这个细节也有过同样的思考和解读，更有一种快乐加倍的感觉。

又比如，在思考如何绘制古代武器的过程中，一些武器没有留下明确的图像可

　　供参考，就只能通过搜集相关信息进行研究，比如复原图、古代文字记载和与之类似的古代文物等等。用这些资料互补印证，就能得出一个相对可信的推断。我在研究古波斯镰刀战车（即将出版的第二册内容）的时候，就通过这样的方法经历了一次有趣的"反转"。一开始，我找到的一些复原图都是四马战车，而在电影《亚历山大大帝》（这部电影里的武器道具做得相当考究，据说是找来了英国剑桥大学的考古系教授做的指导）里出现的则是两马战车。到底哪个是正确的呢？最开始我倾向于两马，因为四匹马并列太宽了，在车的轮轴上安装刀片，需要很长很长很长才能伸到最外侧两匹马的外侧，从而达到击伤敌人的效果。这似乎有点儿不太现实。当时，我认为这些复原图一定是受到那个黄金四马战车文物的误导，所以画错了，他们没有考虑到马的宽度。但是后来，我看了一些文献资料才发现，包括色诺芬（古希腊著名的历史学家，还是苏格拉底的弟子）在内的很多古代作者都记录过波斯镰刀战车是四匹马拉的。原来这种宽车体的战车不仅轮轴上有刀片，车轭的两端也有刀片，也就是最外侧战马的两端，轮轴上的刀片比车轭两端的刀片要长，并且这两处刀片的高度不同，敌人的任何姿势都无法躲避。这设计真是太"贴心"了！

　　正是很多很多这样的有趣发现，让我更有一种将之分享给读者的冲动，但遗憾啊，能力有限，资料有限，我只能尽力用我擅长的方式为读者提供一个不同的角度看历史，分享古代军事历史中这些有趣的细节，希望能引起大家对这一领域的兴趣与好奇，从而开始更广泛、更深入的阅读和研究。

　　研究古代军事历史真的是一件惊喜不断的乐事啊！

长矛兵

弓箭手

战斧兵

战锤兵

公元前 4000 年

长矛兵

弓箭手

苏美尔战车

镰刀剑

镰刀剑

战镐

 标枪兵
 努比亚人
 铜矛头
 单体弓
 铜战斧
 战锤
 标

古王国—中王国时期

约前 2686 年　　约前 2500 年

约前 2334 年 约前 2192 年

阿卡德

苏美尔

  攻城盾
 长矛兵
 弓箭手
 游牧民佣兵
 复合弓
 长矛兵
 弓

 早期矛兵
 晚期矛兵
 常备军
 皇家卫队
 轻装弓箭手
 重装弓箭

正当拉美西斯二世和穆瓦塔里二世在卡迭石打得昏天黑地的时候，

在山的那边海的那边，一群造型新潮的战士和他们的文明正在崛起……

骨匕首

尼罗河船

重步兵

弓箭手

战车跑者

施尔登人

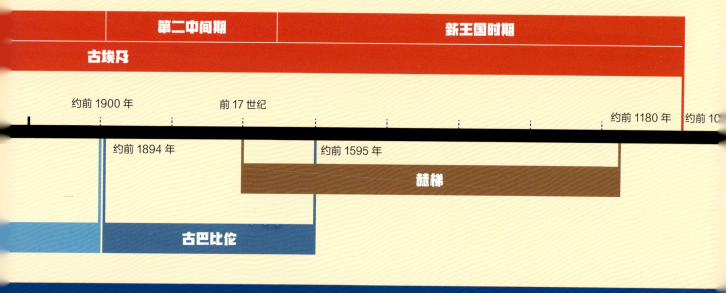

第二中间期

新王国时期

古埃及

约前 1900 年　　前 17 世纪　　　　　　　　　　　　　　约前 1180 年　　约前 10

约前 1894 年　　　　约前 1595 年

赫梯

古巴比伦

亚述

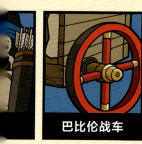

巴比伦战车

眼形战斧

投掷棒

镰刀剑

长矛兵

弓箭手

骑兵

投石手

工兵

战车

攻城塔

双层桨战舰

三

三角弓

埃及战车

镰刀剑

海军战舰

前 609 年

85 年

皇家守卫

赫梯战车

战斧

青铜剑

三角弓

弯刀

角弓

短剑

长剑

鹤嘴锄

攻城盾

索引

古文明军事图鉴

《原来古代人是这样打仗的》

第二册《波斯与爱琴海》 即将重装而来！

有完没完，
该我上场了吧！

文
景

Horizon

社 科 新 知　文 艺 新 潮

原来古代人是这样打仗的：古埃及与美索不达米亚

艾　洋　编绘

出 品 人：姚映然
责任编辑：贾忠贤　李　琳
美术编辑：王　妍
装帧设计：王　妍

出　　　品：北京世纪文景文化传播有限责任公司
　　　　　　（北京朝阳区东土城路8号林达大厦A座4A　100013）
出版发行：上海人民出版社
印　　　刷：北京九天鸿程印刷有限责任公司

开 本：820mm×1280mm　1/16
印 张：10.25　　字 数：88,000
2023年4月第1版　　2023年4月第1次印刷
定 价：148.00元
ISBN：978-7-208-17902-8/K·3237
审图号：GS（2022）5194号

图书在版编目（CIP）数据

原来古代人是这样打仗的：古埃及与美索不达米亚 /
艾洋编绘. －－ 上海：上海人民出版社，2022
（古文明军事图鉴）
ISBN 978-7-208-17902-8

Ⅰ．①原… Ⅱ．①艾… Ⅲ．①军事史－埃及－古代－
青少年读物②军事史－美索不达米亚－青少年读物 Ⅳ．
①E411.9-49②E377.9-49

中国版本图书馆CIP数据核字(2022)第161425号

本书如有印装错误，请致电本社更换　010-52187586

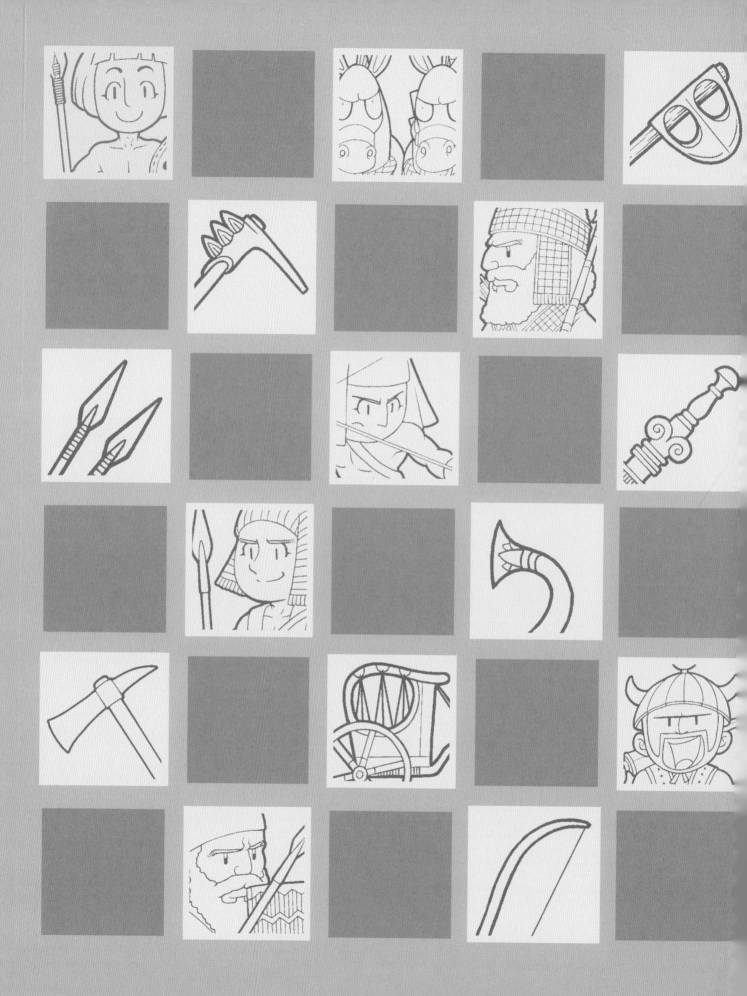